山本てつし

007/ジェームズ・ボンド論

ダニエル・クレイグ映画の精神分析と経済と哲学

PART 1

culture
知の新書
009

E.H.E.S.C.

目次

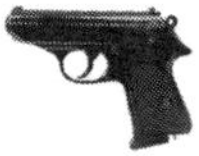

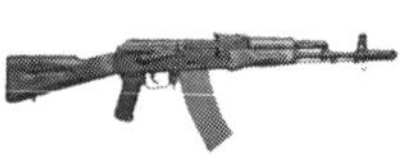

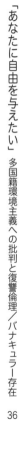

007

００７は永遠に?!

００７／ボンド映画は痛快にしておもしろい。何も考えずに画面に没入できる。しかし、そこには深いさまざまな配置があります。

ダニエル・クレイグ・ボンドから始めます。

展開が、それ以前のボンド作品とまったく違ってきているからです。超人間的なスパイではない、内的な闇を抱えたボンドがいる。ですが、００７の公式的規則性は保持されている。何よりスペクターとの関係は、驚愕的なものとして設定されてきたことで、クレイグ・ボンドは五作が連続的に構成されていることが明確に浮きあがってきました。これは、以前の作品の表面的な連続性とはまったく異質です。

そこから、もう一度、シリーズ全体を見わたし直すとおもしろい。マニアックなこと、基本データなどは、他の映画に比して実に詳細な刊行本があり、それを読めばすむ。わたしの００７論は、一種のナラティブ論になりますが、精神分析と政治経済と哲学の関係から把捉されていく、つまり、隠れたシニフィアンをそれらに見つけていくことです。

どのボンドが好きかは人によって分かれます。一九六二年から二〇二一年まで、約六十年弱。映画の時代は大きく変わっているし、わたしが初めて観たのが、一四歳の中学生、今や七十歳を超えている。なのに面白い、いまだスリル満点ワクワクする。完璧なエンターテイメント総合映画で、彼ら製作陣から総体の演出が意図されて戦略的に鮮やかです。いかにトム・クルーズが『ミッション・インポッシブル』で身体をはった痛快映画を撮ろうとも、ハリソン・フォードが『インディ・ジョーンズ』で華麗な冒険をしようとも００７にはかなわない、そういう総合的なエンターテイメント性が００７にはあります。

一つなのに多様。あらゆる物事への固有なデザイン表現の総体。アクション、美女、心的葛藤、ガジェット、音楽、始まる映像の奇抜さ、アストンマーティン車、ファッション、料理、マティーニなどなど。コマが緻密にして、今やかつての倍でもすきがない。

気どった紳士的雰囲気のショーン・コネリー、だが殺すときの躊躇なき鋭い大きな目、プレイボーイ的な軽妙さで人懐こいロジャー・ムーア、より紳士的なティモシー・ダルトンだが友のためなら冷酷、スマートでクールでタフなピアス・ブロンスナン、そしてあらあらしいながらかっこいいクレイグ。いや、こうした形容すら人によって違う。ジョージ・レーゼンビーこそ一番いいという人もいる。いややっぱり、初代コネリーこそがボンドだ、と言い張る人もいる。わたしは、クレイグが一番好きで、ついでブロスナンです。

イアン・フレミングの原作を脱して、世界へ一人歩きしているボンド映画とは、いったいなんであるのか？ いつも話題となるボンドガール／ボンド・ウーマンとはなんであるのか？ そのセクシュアリティ、エロス、愛。そしてスペクターとは、またいろんな悪役とはなんであるのか？ 何をこれらは語っているのか？ 殺しの道徳?!

いろんな００７論／ボンド論が世界ででています。さらにマニアックな道具についてのもの、車についてのもの、音楽についてのもの、予告編についてのもの、実に様々な文献があります。論述も「ボンドロジー」と言われるよう多彩です。基本はしかし、文化史としてのJames Chapman, *Licece to Thrill*(1999)が何版も英語原書でているのがオーソドックスな論述であり邦訳もされていますが*、規準的考証になっていますので、その英文改訂版2007を参考にさせてもらいます。しかし、その先へいきたい。

わたしは、精神分析的な解析と政治経済的な角度とから、なぜ、この映画に魅せられ

* ジェームズ・チャップマン『ジェームズ・ボンドへの招待』(徳間書店、2000)。理論用語が説明訳になっていて概念が不在になっているのが残念。

ているのかをはっきりさせたいと常々思ってきました。なぜ、「殺しのライセンス」として人殺しを合法容認されているボンドが、明るく爽快であると感受されるのか。細部にかかわれば、いくらでも論じられる映画なのですが、ここは新書、軽やかなイントロを論じてみます。ですので、詳細な理論概念は簡略化して使っています。

様々な権利問題でごちゃごちゃして、それが映画製作の内実にまで反映しているいわくつきばかりの映画でもありますが、あくまで、作品としてのみ愉しみます。わたしが毛嫌いする日本の知ったかぶりの専門家気取りの映画評論家や映画研究者たちは無視しよう。映画を観る知的資本はそんな次元にはないからです。あちこちの書で論じられているフレミング原作は割愛します。キリがない。映画と原作は別物だという立場を常にわたしはとります。原作にあろうがなかろうが、どうでもいいことです、映画は映画として観られる独立した娯楽なのですから。

スコットランドの平原の前にたたずむボンド。荒野の朽ちたしかし大きな一軒家。そこは彼が育った家。かつて『ゴールデンアイ』1995で、敵へ寝返った００６と「同じ孤児であった」と明言されましたが、ボンドはこの荒野の家で、後にスペクターの首領となるブロフェルドと一緒に兄弟のように育った、という驚愕的な設定が明かされました。原作にもないこの設定がなぜ今あえてなされたのか、そこに映画の固有性がもう開けています。『スカイフォール』2012で暗示されたそれが、三十四年ぶりに登場した『スペクター』2015においてさらにはっきり示され、新作『ノー・タイム・トゥ・ダイ』2021においてより進展する?!　いわば、ボンドのダーク面の表象ですが。そして、何より女性の位置が大きく変わっています。「ボンドガール」と言うな、「ボンド・ウーマン」だと、強調されていますが、何が本質的に変わったのか。⑰『ゴールデンアイ』でMが女性＝ジュディ・デンチ Judi Dench に代わって以降、とくに大きく変容していきます。

㉑『カジノ・ロワイヤル』で荒々しい乱暴なボンドの誕生から、引退したボンドまで、クレイグはボンドの生涯的存在を演じました。振り返ってみると、もうカジノ・ロワイヤルから伏線があちこちにある。本筋というかそのあらすじは、多分製作陣にははっきりしていて、あとは個々の監督がそこに枝葉をつけかつ深めていけばいいように、どうみてもなっている。旧作品からの公式は公式としてあるのですが、それに加えて設定されたものが、監督が交替してもブレないようになっている。構造的なナラティブが構成されているのです、連続して観ることです。謎解きではない、はっきりしています。

MI6の「殺しのライセンス」をもった「００」＝ダブル０として、悪の策略を打ち砕く。

この軸に、二つの心的な系、

1. 孤児としてスペクター＝プロフェルドと義兄弟として育ったということ
2. 女性との愛において失敗する＝裏切られるが、女性は愛しているということが絡み、組織の人間としての振る舞いと個としての振る舞いの対立がある。派手な冒険アクションの中に、この心的な〈振る舞い conduite〉が挟まれます。「振る舞い」は、世俗化して、個々人が模倣する影響力をもつのは、映画の大きな魅力でもありますが、その心的次元はどうなっているのか、これまたおもしろい現象になっています。コネリーは超絶的な存在でしたが、クレイグは普通人の現実的な位置にある。緻密な脚本と監督演出、撮影、美術、技術、編集、によって、完璧なものと言える「娯楽」映画作品が、膨大な関与者たちによって、膨大な経費をかけて生産される。「スター・ウォーズ」と「007」が、エンターテイメントの双璧でしょう。製作費も興行成績も半端ではない映画ビジネスですが、その経済資本を生み出す文化資本はどういう作用を及ぼしているのかです。普通人的な心性や関係性をもったものが超絶していく。

伏線としての「カジノ・ロワイヤル」

最初見たとき、なんでカード・ゲームに命を賭け、巻き上げられた金を返せと、裸にされ急所を攻められるのか、わけのわからぬ感じをもったものでしたが、本筋はその現象にはなかったのです。

本筋は、言うまでもありませんが、粗野で乱暴なダブル0が、トイレでの乱暴極まりない格闘で初めて殺しをなすとともに、徐々に紳士として洗練されていくボンド生成の過程で、他者との関係が配置されることにあります。〈ボンド生成〉物語です。

Mとの信頼関係の発生と生成。だが、勝手に自分判断で行動する。

組織内にも裏切りがあり、誰も信用できないという関係。

CIA のフィリックス・ライターが、常に助けてくれるという関係の配置。

そして、悪が巧妙に策略を巡らせているが、ミスター・ホワイトが最初から登場しているのですが、その存在が最後的に明かされるも暗示的。

闘う相手のル・シッフルはただ目の前に現れた、この作品だけの敵対象でしかない。

つまり、作品ごとの悪役は、下っ端で、真の悪は隠れている。

本筋は、Vesper Lynd を本気で愛して裏切られるも、愛は真実であったということとの、愛の対象の領有と喪失です。ボンドとヴェスパーのラブ・ストーリーです。

つまり、ボンドになるということは、悪の策略を打ち砕くも、しかし、巨悪そのものを倒し切れてはいないということ、そして孤児としての孤独を癒してくれる愛を得るも、その愛を成就しえないという、この二つの喪失ないし「空《くう》」に生きるということの設定です。ホワイトは、脚をボンドによって撃たれただけで死んではいない。カッコよく、定言となっている「ボンド、ジェームズ・ボンド！」と、銃を片手にスーツでビシッと決めて、そこでこの映画は終わる。ボンド誕生！です。

辞表をMにまで送ったボンドは、しかし愛するVesperに裏切られ、彼女は、海水の檻＝エレベーターの中で、「ごめんなさい」と死んでいく。最も愛する者を救出できなかった、失、敗、す、る、ボンドです。

ショーン・コネリーが作り上げた常に悪に勝ち成功する、美女から寄ってきてそれを獲得する、勝者のボンドは、もういない。クレイグはいわば、西部劇の核とも言える「失敗する男」として配置された、その冒険アクションです。

ボンドの内面、ボンドの心の闇、ボンドの苦悩、などが表出されています。

そして『スカイフォール』では、Mを守り切れず死なせてしまう。

『スペクター』では、ヴェスパーに代わってマドレーヌと幸せになるかのように映画は

おわりましたが、最後の「ノー・タイム・トゥ・ダイ」では・・・・・・

超漫画的から痛快シリアスへのボンド映画

人生の不可解な謎を探ったり、人間存在の本質を考えたり、はたまた複雑な世界情勢をシビアに憂えたりする作品ではない、ボンド映画。

しかし、キングスレー・エイミスが言うように、「外套・短剣式小説に、幾分かの現代風の薬味を効かせて、セックスを調合しただけのものと片付けられない何かをもっている」ボンド映画です*。コネリーやムーアの００７は漫画的ですが、そこに止まっていない。ただのセックスと暴力・アクションの娯楽映画ではない。またイデオロギー、道徳上からの毛嫌いと大衆娯楽映画としての称賛という次元から脱していくものは、なんであるのか。ロビン・ウッドのように**、ヒッチコック「北北西に進路をとれ」と「ゴールドフィンガー」を比較する愚行は、批評でも分析でもない、と言い切りましょう。ヒッチコックの方が、超漫画的映画より出来がいいに決まっているではないですか。だが！なのです。

また、クレイグ・ボンドによって、００７特性の、性差別主義、同性愛差別主義***、

* Kingsley Amis, James Bond Dossier(Jonathan Cape, 1965)
** Robin Wood, Hitchcock's Film(Tantivy Press, 1977)

対外強行論主義、外国人嫌い、人種差別主義が克服された、などという指摘ももっともながら意味はない。政治的に、道徳的に正しくあれなど、映画にとって不可能であるし、人間のいたらなさ、「悪」の面を描いてこそ、映画は娯楽性をまします。

ボンド映画こそ「イギリスらしさ」のイギリス映画だと主張するナショナリズムも意味ない。世界中で、知らない人がいないほどの象徴性がボンド映画にはある。

欲望や快楽の消費主義を超えて作用している、生存の〈享楽〉がボンド映画にはあるのですが、それはどんなものであるのか。世界中が、ボンド映画をマニアックに賞賛しようとあるいは芸術ぶって蔑もうと、ボンド映画は世界を楽しませているのです。

ボンド映画を、単発的に観ていただけのこれまでと違って、『ノー・タイム・トゥ・ダイ』はどうなるのかの連続性に、ワクワク感をもって、延期に延期されてきてしまったコロナ禍を憎みながら、わたしは上映と同時に映画館へ足を運んだ・・・・これを観ずに007映画を論じることはありえないからです。しかし・・・

その25作目、クレイグ・ボンドの仕上げとされる5作目から始めるより、『スペクター』で前3作が総括的に明示された、それを知った視点から論じ、かつ見直すのが一番「お

*** 同性愛者たちは悪党になります。女性では②ローザ・クレップ、③プッシー・ガロア（ヘテロ・セクシャルになるとボンド側に寝返る）、男性では⑦ミスター・ウィントとミスター・キッドのコンビは典型でした。

もしろく」「たのしい」考察分析になります。世界の批評家たちの、知ったかぶりの浅薄な、批判にもなっていない思考の先をいこうと思います。

五作つながっているものは、ボンドが本気で愛したヴェスパーと、ボンドの上司M、そして各作の悪役の背後にある巨大組織（＝スペクター）の三筋です。ボンドが見つけ出そうとしているこの巨大組織は、ミスター・ホワイトが「彼らはどこにでもいる」と暗示している。つまり、政治や軍事の組織のみならず、情報、テロ、そして医療・薬品や食品や日常生活にまで浸透している、とどのつまり多国籍企業の世界支配メタファーとしての組織ですが（産業社会世界の悪）、コネリー・ボンド映画の第一作目から「スペクター」として指示されていますので、観衆はもう知っています。それは東西対立、国家間の対立を越えた存在であり、さらに驚愕的な事実をともなって、新たにクレイグ・ボンドに明かされる「スペクター」が出現することで、事実が明るみにされていきますが、同時にさらに隠れているシニフィアンが何だろう？と問題設定されてもいくのです。

『スペクター』ではガンバレル・シークエンスが、最初に出てくることで、クレイグ・ボンドの００７の本格的な始まりであるのですが、同時に、映画内ではボンドはMI6を辞めて、マドレーヌとともに去っていくものの、ボンドの爽やかな顔に比して、それを覗く彼女の顔には、何かありそうな表情の影が暗示的に表象されていました。

よくいうネタバレ次元は、一回目の観賞であって、このわたしの本は、二回目、三回目を観る上での愉楽の解析です。クレイグ・ボンドは、はっきりした「連作」として構成されているのです。その仕掛けを紐解きながら愉しむ。すると、派手なアクションにも意味があるのが浮き出してきます。脚本家は、もはやひとりの自己満足次元にはない。何人もの協働制作《プロデューシング》になっており、クレイグは、ボンドになり切ってそこに参加しているのがわかります。

名優に彼はなった。無言の表情を、見とる、聴きとる、読みとることです。００７とは、ボンドとは、の解読をすすめていきたいと思います。

ほんとは、映像写真を活用しながら考察すれば明証になると思いますが、大作映画は版権がどうにも考察の邪魔をします。金儲け仕事ではないのですから許容されることになるのは、いつのことやら、映画研究が停滞する最大の根拠ですが、致し方ありません。ボンドのムック本は基礎データがよくできており、写真もそれなりですから（どれも類似していますが）、そちらを観られてください。各作品の関連個別データは英文のwikipediaがときに非常に詳しいですので、それを参考にしました。ボンド文献は無数にあるのですが、良い考察本をいくつかあげるにとどめました。

007 全25作品＋α　制作年、監督

ショーン・コネリー

① **Dr No,** 1962. Terence YOUNG　ドクターノオ
② **From Russia with Love,**1963. Terence YOUNG　ロシアから愛をこめて
③ **Goldfinger,**1964. Guy HAMILTON　ゴールドフィンガー
④ **Thunderball,**1965. Terence YOUNG　サンダーボール作戦
⑤ **You Only Live Twice,** 1967. Lewis GILBERT　007は二度死ぬ

ジョージ・レーゼンビー

⑥ **On Her Majesty's Secret Service,** 1969. Peter HUNT　女王陛下の007

⑦ **Diamonds are Forever,** 1971. Guy HAMILTON　ダイヤモンド永遠に

ロジャー・ムーア

⑧ **Live and Let Die,** 1973. Guy HUMILTON　死ぬのは奴らだ
⑨ **TheMan with the Golden Gun,** 1974. GUY HUMILTON　黄金銃を持つ男
⑩ **The Spy Who Loved Me,** 1977. Lewis GILBERT　私を愛したスパイ
⑪ **Moonraker,** 1979. Lewis GILBERT　ムーンレイカー
⑫ **For Your Eyes Only,** 1981. John GLEN　ユア・アイズ・オンリー
⑬ **Octopussy,** 1983. John GLEN　オクトパシー
⑭ **A View to a Kill,**1985.John GLEN　美しき獲物たち

ティモシー・ダルトン

⑮ **The Lving Daylights,**1987. John GLEN　リビング・デイライツ
⑯ **Licence to Kill,** 1989. John GLEN　消されたライセンス

ピアース・ブロスナン

⑰ **GoldenEye,** 1995. Martin CAMBELL　ゴールデンアイ
⑱ **Tomorrow Never Die,** 1997. Roger SPOTTISWOODE　トゥモロー・ネバー・ダイ
⑲ **The World is not Enough,** 1999. Micael APTED　ワールド・イズ・ノット・イナフ
⑳ **Die Another Day,** 2002. Lee TAMAHORI　ダイ・アナザー・デイ

ダニエル・クレイグ

㉑ **Casino Royale,** 2006. Martin CAMBELL　カジノロワイヤル
㉒ **Quantum of Solace,**2008.Marc FORSTER 慰めの報酬
㉓ **Skyfall,** 2012. Sam MENDES
㉔ **Spectre,** 2015. Sam MENDES
㉕ **No Time to Die,** 2021.
Cary Joji Fukunaga

Ⓐ **Casino Royale,** 1967. John HUSTON
Ⓑ **Never Say Never Again,** 1983.
Irvin KERSHNER

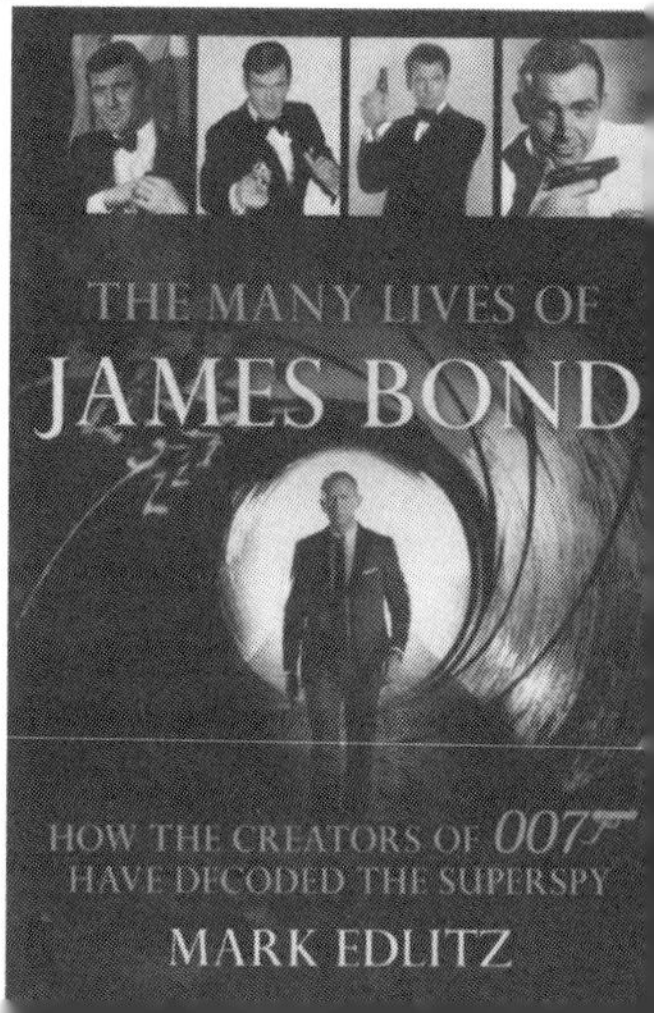

Mark Edlitz, *The Many Lives of James Bond: How the Creators of 007 have decoded the Superspy* (Lyons Press, 2019).
監督、脚本、デザインなどクリエーターたちが「いかにスーパー・スパイをコード解体したか」のインタビュー集。

007 daniel craig

Casino Royale カジノロワイヤル
Quantum of Solace 慰めの報酬
Skyfall スカイフォール
Spectre スペクター
No Time to Die ノー・タイム・トゥ・ダイ

あらあらしくもビシッとかっこいい

ダニエル・クレイグのボンド

「ぼくは君のものだ」

2006年

Casino Royale
カジノ・ロワイヤル

007

dir. Martin Campbell
screenplay Neal Purvis, Robert Wade, Paul Haggis
cast Daniel Craig, Eva Green, Mads Mikkelsen, Jeffrey Wright
cin. Phil Méheux
(m.) Chris Cornell "You Know My Name"

テロリズム / マネー主義への批判と愛の物語

［クレイグ・ボンドは、一九六八年四月十三日生まれとクレイグ自身の誕生日になる］

　トランプをモチーフにしたアニメのタイトル・シークエンスから始まる。

　最初の定番の、あの Gun barrel sequence はなしに、なんとモノクロから始まる。MGM のライオンも Columbia の女神も白黒です。

　場所はチェコのプラハ。フィルム・ノワール的な影の映像で始まりますが、そこにボンドの最初の殺人になった激しい暴力の闘いが回想的にはさまれます。

　Mの指令で、プラハ支局長の内部汚職の始末にやってきたボンド。相手から「人を殺せたのか」と問われ、二人やったと、あまりの乱暴な相手をうちのめす暴力シーンを回想しながら、その局長を即座に打ち殺し、二人目

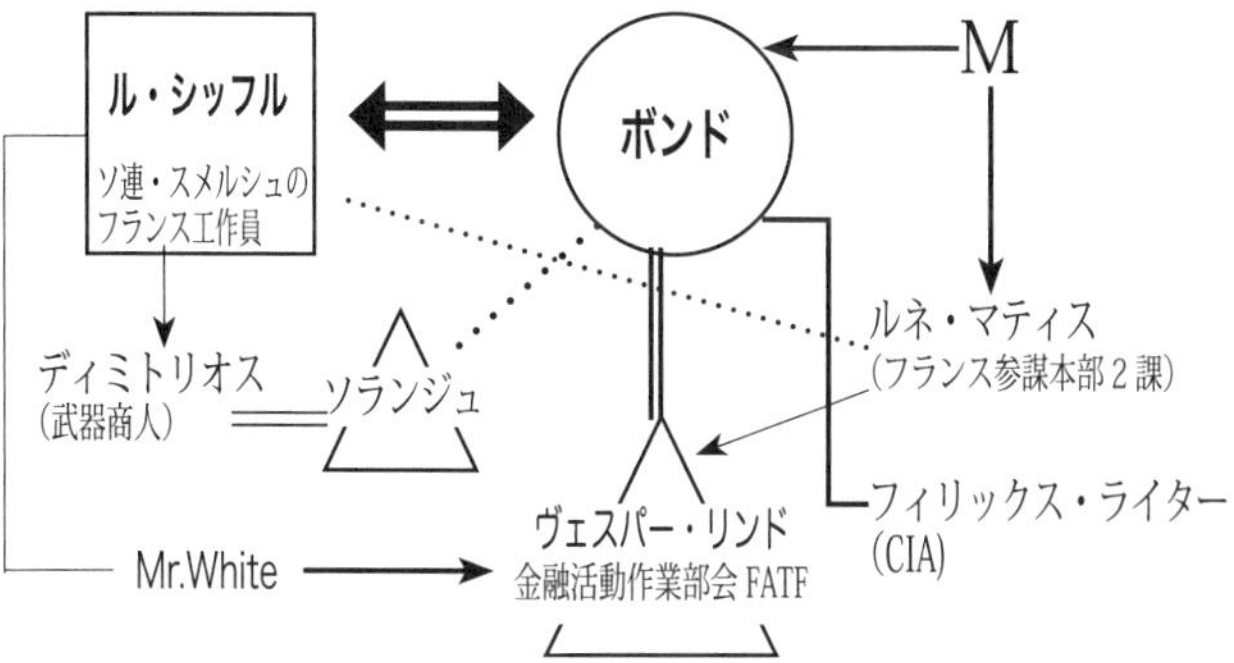

だと呟く。正式に「殺しのライセンス」をもつダブル0の資格をとったということです。荒々しさの表象からの始まり。

　そして、回想のトイレで相手が撃つのを振り返るボンドはラフなスタイルの服装のままで、「ガンバレル・シークエンス」のまだ荒っぽい円形の中で銃を発射、音楽もタランタラーンと流れるだけで完全なボンドテーマ曲にまだなっていない。定番のガンバレル・シークエンスですが白黒で、上からの赤い血が流れてはきます。まだ未熟の、エージェントになったばかりのボンドという表象です。服装もガンバレル・シークエンスも・・・。

　そして、ポーカーのトランプ・カードの「タイトル・シークエンス」のデザイン映像になる。ボンドがスペードのマークを弾としてこめて銃を撃つと赤いハートが発射されます。また拳銃が、スペードを撃ち抜くハートを発射します。カードのクイーンの顔に照準があうとヴェスパーの顔になる。ハートの7のカードが出てきて、そこに二つの穴が開く。これからの愛と裏切り＝悪の相互変容の物語の暗示です。ハートはボンドのラブストーリーを示しています。

　クリス・コーネルの曲は、「力の限りを尽くしてもお前に勝ち目はない、終わりはそこに来ている。銃を身につけろ、助けはどこからも来ない、奴らはお前を裏切り、お前の後釜をすえる、報酬を手にしても幸せは来ない、奴らに狙われたとき覚悟はできているか」そこに、〈Bond-007 status confirmed〉という００７への昇格が承認されたテロップが流れ、「俺の体を流れる冷たい血、俺の名は知ってるはずだ」と曲は歌い、ポンド札がたくさん舞う中をボンドが歩いてきて、アニメからクレイグの青い眼の顔がアップになる。

　じっくり見直すと、ほんとにいつもながら繊細なできですが、新たなクレイグ・ボンドの始まりとこれからを意味しています。始まりは〈未知〉への指示です。

　そして、雨が降りしきるウガンダのMbaeのテロリストたちの野営基地の映像へと転じて物語が開始。子供たちが銃を持っている姿のアフリカ情勢が何気なく映されています（実在する〈Lord's Resistance Army〉です）。ボンド映画は、政治批判をイデオロギー的に主張しませんが、政治感覚の表現をさりげなく、しかし、しっかりと表示的になしています。

悪人ル・シッフル Le Chiffre (Mads Mikkelsen) の所属がどこであるのか映画ではあまりはっきりしない。のちの作品で、スペクターの一味であるとわかりますが。彼は、テロ組織から預かった資金をマネー・ロンダリングして稼いでいる。大型旅客機製造会社「スカイフリート」の100万株の空売りを仕込み、新製造の超大型旅客機「スカイフリートS570」をお披露目式で爆破して、巨額の利益を得ようと仕組んでいた。*

株は他律操作によって上下する産業社会経済の穴をついた金儲けです。商品の産業社会経済化は政治統治を含め欠点だらけであるのを007映画はあちこちでついています。

他方、マダガスカルで爆弾密造人を監視していたボンドは、巨大クレーンの空中的アクションからどこかの大使館での爆発アクションと派手な追跡劇のあと、彼を捕獲するとその携帯に「エリプシス」というバハマとの通信を見つけ、バハマに飛び、武器商人ディミトリス Alex Dimitrios の存在を知り、その妻ソランジュ Solange(Caterina Murino) に色じかけで近づき、「エリプス」の意味をつかみ、ル・シッフルの新型飛行機爆破計画をつきとめる。

そして航空機爆破を防ぐための飛行場でのアクション。観客の思考停止と没入勧誘の初まり。

* 2001 年 9.11 後の世界金融は、マネーロンダリングへの締め付けが厳しくなり、スイスのプライベートバンクは海外での活動さえ締め付けられていきました。その金融の穴をついた悪の設定です。

爆破計画をボンドに邪魔され、ディミトリスを殺されたル・シッフルは、情報を漏らしたソランジュを惨殺する。悪者によるいつものむごたらしい女性殺戮。父権的暴力です。

そこにやってきたMは、損失したマネーをモンテネグロの「カジノロワイヤル」の大賭けゲームでとりもどそうとするル・シッフルの動きをキャッチしており、その賭けに、ボンドを参加させ、株損を埋め合わせようとするル・シッフルを破産させようとする。

一人の賭け額は1000万ドルをすでにバイ・イン、さらに追加500万は電子送金で。十人が参加。勝てば1億5000万ドルに最終的になります。

そのボンドが使うマネー管理のために、移動する列車の中で現れた美しい女性ヴェスパー・リンドVesper Lynd (Eva Green) は、財務省の「マネーロンダリングに関する金融活動作業部会Financial Action Task Force on Money Laundering/FATF」のメンバーで、この任務全体の担当にあたったのが、フランス参謀本部2課のルネ・マティスRené Mathis(Giancarlo Giannini) であった。女性リードで男性補助。ジェンダー関係は女優位で進んでいく。

ボンドの動きの背景に、実際の具体機関を配置して、クレイグ・ボンド映画は、荒唐無稽さをリアルさへ精緻にくみたてます。荒唐無稽な賭け金とリアルさとの共存。

賭けの勝者の大金は、スイス銀行に振り込まれる、その口座番号をヴェスパーが打ち、ボンドが暗号を打ちこむ。（しかしながら、実際スイス銀行は、もうこの時期大きな変貌を強いられ、こうした動きは簡単にできなくなっているのですが。この映画を、わたしはジュネーブで観ていましたので、スイス銀行が出てきたとき笑いが映画館ではおきました。いかにも中立性を表示した滑稽さです。）

ボンドはタキシードに身を飾り、オメガの時計をはめ、紳士スタイルを決めこむ。

ポーカーをしながら、ボンドは有名な彼独自の配合のマティーニを頼み、ル・シッフルの癖を見破り勝とうとするも、相手の仕草の読みをなしていることが見破られ、仕草をかわされて失敗し負けてしまう。これも、ル・シッフルの指を顔に触れるほんの小さな動作です。演出の繊細さが現れるポーカー・ゲームの長々しいシーンです。マティスが、情報をル・シッフルに漏らしていた。さらに、ボンドはお金を用意してくれとヴェスパーに頼むが、断られる。その賭けに同席していた黒人のフィリックス・ライター Felix Leiter(Jeffrey Wright) は、自分が CIA であることをボンドにあかし、マネーを提供する。静かなゲームの裏では激しい闘いが組まれている。テロ組織から金を返せと襲われるル・シッフル。

しかし、酒に毒をもられ瀕死になるボンド。それをヴェスパーが絶命寸前で助ける。

最後に勝つボンド。

ル・シッフルの手持ちのカードは、ハートの6とスペードの1で、つまり7です。ディーラーには、ショー・ダウンして、まずスペードのキング、8、6、クイーン、1でフラッシュ（7の不在）。そしてスペードの4とハートの1です。さらに放棄した人のカードが入って、フルハウス、8が3枚とハートとスペードの2枚のエース。ル・シッフルが開いて「上のフルハウス」、エースが3枚（ダイヤ無し）、6が2枚（ハートとスペード）。7に劣る6。

ボンドのカードは、7と5のスペード。スペードの4、5、6、7、8とストレートフラッシュになる。捨て札に、ハートとスペードのエースが対比的に残っています。

ハート（ヴェスパー）とスペード（ル・シッフル）の対比を象徴します。ボンド映画でカジノのシーンのときは、どんな数のカードかに注意。

勝ちを祝して食事している、そのすきにヴェスパーが連れ去られ、追うボンド。道に投げ出されていたヴェスパーをよけて横転するアストンマーチン（Mから与えられたDBS）。二人は、ル・シッフルに捕らえられ拷問される。

丸裸にされ、急所を攻められるボンド。これは、男根を去勢することを象徴します。強い自信過剰の男根主義的なボンドを男としての機能をなくさせようという、実に「性的」な異常な拷問です。誰が考えたんでしょうか。暗証番号を言わないボンド。

そこに、何者かが現れ（よく見ると、ミスター・ホワイトです。顔は一瞬ですが映し出されます）、ル・シッフルは射殺され、なぜかボンドは救出される。

闘いが終わりイタリアの療養所でくつろぐボンドとヴェスパー。まったく世間の物事の動きに感知しないスイス銀行員がのうてんき風に現れ、口座番号を打ちこむヴェスパー、そして暗号はVesperだと教えて彼女に打ちこませる。その後のヴェスパーの複雑な顔。座って悩んでいるかのようなポーズをします。「たとえあなたが全てを失おうとも、残ったものが笑顔と小指一本でも、私にとってはどこにもいない男よ」と意味深なことを真剣な顔でいいます。

甲冑は脱ぎ捨てた、丸裸の自分だ、それはすべて君のものだ、とボンド。

二人は、ヨットでヴェニスへと愛の時間を過ごす。

ボンドは、Mに辞表をメールし、ヴェスパーと暮らそうと考える。つまり、もう最初の任務から、「心が腐ってしまう」諜報活動をやめたいと思っていた、ということです。

ペンダントを外し、「過去は忘れられるのね」と、銀行へ行ってくると出かけるヴェスパー。その直後、Mから連絡、マネーが振りこまれていないと知らされるボンド。

あわててヴェスパーの後を追うが、ミスター・ホワイトたちに襲われ、闘う。

裏切られながらも、崩壊する建物のエレベーターに閉じこめられたヴェスパーを助けようとするボンド。だが、彼女は中から鍵をかけ、「ごめんなさい、ジェームズ」と沈んでいく。

なんとかヴェスパーを救出するも、もう息絶えていた。亡骸を抱きしめるボンド*。それをマネーを手にしたミスター・ホワイトが背後から黙ってみとどけていた。

彼女には長いこと付き合っていたフランス人の恋人がいた。彼はル・シッフル一味に捉えられていて、協力せねば彼を殺すとヴェスパーを脅していた、とMからの報告。だが「任務完了、ビッチは死んだ」というボンドに、なぜあなたを彼らは殺さなかったか、マネーと交換でボンドを助けると交渉したからだ。彼女は自分が死ぬのを知っていたのだ、とM。黙って、Mとの電話を切るボンド。

すると、8月4日16時28分にボンド宛のメッセージがヴェスパーから届いていた。そこにミスター・ホワイトの電話番号が・・・。死の前にメールしていた。

この物語展開は、ボンドの覚醒と失意です。そしてボンドの本気の愛です。

ボンドは、ミスター・ホワイトに電話し、電話に出た彼の脚を射撃。そこに現れ、

* コネリー・ボンドは、愛をかわした女性が殺されて死んでも、表情一つ変えませんが、クレイグは悲しさを言葉なき身体動作で表現します。

「The Name's Bond, James Bond.」とスーツ姿でバシッと決め機関銃をもって颯爽と名乗る。その途端、ボンドテーマ曲が流れ、エンドクレジットが流れ、さらにテーマ曲になり、お決まりの James Bond will Return.
すきのない完璧な映画です。＊

これは、レーゼンビーの⑥「女王陛下の００７」に類似した物語中心で、巨大クレーンや、生身の身体アクションの激しさ、そしてMI6をやめ結婚までするも、彼女をスペクター／ブロフェルドに殺される、その作り直しのように感じました。

ヴェスパー・リンド Vesper Lynd：「私は金よ I am the money」

ボンドの前に、<I am the money.>と名乗って、初めてヴェスパーが現れた時、二人の会話で、ボンドが「孤児」の特徴をもっていると、彼女から指摘されます。

ただの性格指摘だとこの映画を観た段階では思っていましたが、そうではない、ボンドの素性が明らかになっていく伏線であったのです。彼女は、ボンドの内面を理解していた。そして、言い返すボンドは、「美貌が自分のマイナスだと思っている」ヴェスパー

＊ Christoph Lindner(ed.), *Revisioning 007: James Bond and Casino Royale*(Wallflower Press, 2009) が、『カジノ・ロワイヤル』分析として総合的に非常に優れています。

にも孤児の性格があると指摘します。これは、諜報資料にも語られていない、初めて出会ったばかりの二人が、自己認識にもない「非自己」の感覚・心的様態を共有し合うという〈対幻想〉の生成を示しています。何気ない、しかし、本質を了解しあっているこの会話は、まさに非自己関係で双方に共通領有される「他者の欲望」を表象しています。二人は、互いに貶し合いながらも、他者の欲望を共有しあっているのです。

しかし、非自己共有し合いながら、二人の意識的な言動は相手への批判のしあいです。「人妻としか寝ない」だから彼女に関心がないというボンド。だが、ヴェスパーのネックレスは、明らかに彼氏がいることを指示しています。実は、彼氏が人質にとられていて、ミスター・ホワイトから脅迫され、ボンドを裏切らざるをえなかった。そして、勝ったお金の振りこみをするから、代わりにボンドを助けてくれと交換条件にしていた。マネーを管理しているだけではない、マネーでボンドを救った、それは同時に裏切り、その〈I am the money.〉という意味深な表現です。Vesperとは、宵の明星、そしてほぼ同じ発音になるLindoとはスペイン語で、「美しさ」のことです。

二人の、つっぱりあった会話の知的やりとりは大人の恋です。

カジノに行くタキシードを、オーダーメイドだと批判するボンドに、「目で測ったの」というヴェスパー。着てみるとぴったり。

事件が終わって、ヴェスパーはボンドに「私はあなたのものだ」といいます。好きになったのか、前はムカつく嫌な男だと思っていたのに、というボンドに、「私は複雑な女なの」とヴェスパー。ボンドは本気で彼女を愛した。自分の孤児の苦悩、諜報員の仕事の冷酷さから脱することを導いてくれる女性でした。だが、その信じた彼女に裏切られた。そして、死なせてしまった。（この二人の愛の会話は、146-8頁で詳述。）

この喪失感、失敗はボンドの新たな心の傷、闇となって以後の作品の中で作用していく。

その場限りのセックスをたのしんでいたコネリー・ボンドの女性関係は、ブロスナン・ボンドの⑲「ワールド・イズノット・イナフ」で悪役のエレクトラ・キング［ソフィー・マルソー］を本気で愛してしまったときに大きく変貌しているのですが、苦痛な顔をしてボンド自身が彼女を殺してしまいます。しかしクレイグ・ボンドでは敵側に寝返っても、それはボンドのために致し方なかった関係として、女性関係に真剣になるボンドとして存在が変わったのです。

本気の愛が実現できないという規定性から、ボンドの冷酷な敵（ミスター・ホワイト／スペクター）への容赦ない闘いをなすことになります。つまり、コネリーたちは諜報活動が軸での脇のひとときの女性関係でしたが、クレイグは女性との対関係が軸の諜報活動への疎外と配置換えされていることです。ですので、何度も英国＝Mへの忠誠を表明します。しかし、このMも女性＝母であるのです。女性への関係に全ての存在がある。

ミスター・ホワイト Mr.White（Jesper Christensen）、なぜ「白」なのか・・・・

ル・シッフルと一緒に最初からいながら、ほとんどしゃべらない。この作品では、どこか後ろに必ずいて、正体がまったくはっきりしないまま、最後にボンドに脚を撃たれ、次作『慰めの報酬』では、ボンドに連行されながらも、MI6に潜んでいた仲間によって救出されてしまう。オペラ劇場でも一瞬出てきます。ル・シッフルよりも主要な悪人らしいのに、それが明らかになるのはクレイグ4作目の『スペクター』です。一瞬で、ル・シッフルを撃ち殺してしまうため誰だか最初はわからなかったのですが、それはミスター・ホワイトでした。悪人で、白。善ではなく、何も記されていない存在不明の白でしょうか？

連作は、最初からどう見ても組まれている。『カジノ・ロワイヤル』を忘れてしまうと、『スペクター』での意味がわからなくなってしまう。コネリー・ボンドでは、これこれの出来事が前であったから、今度はこうだとただの事項的な出来事でしかない繋がりなのですが、クレイグでは重要な関係者たちのコンテンツがある繋がりになります。

このミスター・ホワイトはただの悪人ではない。スペクターのかなり地位の高い存在ですが、独自の考えをもった動きをしており、ただ悪の任務遂行する悪役ではありません。非常に重要な位置を占めています。謎的な存在です。悪役の章で語ります。

クレイグ・ボンドの背景と情況環境

ブロスナンの007最後の作品が2002年。ソ連崩壊を挟んだ映画でした。

そして、9・11の出来事が、2001年。

英国中心から米国中心となった世界の状況は大きく変貌せざるをえなくなり、テロは生臭い現実となって世界を覆うようになった。そこで、もはや荒唐無稽なスパイ娯楽映画を作っているわけにはいかなくなってきた。

映画として大きなインパクトは、〈Jason Bourne〉の連作映画の出現です。

ボーン・アイデンティティー　２００２年
ボーン・スプレマシー　２００４年
ボーン・アルティメイタム　２００７年

このボーン・シリーズは、米国の諜報機関が内部的に腐敗している事態を背景にしています。諜報機関は、悪を倒す正義の機関ではなく、官僚支配者が己が利益・身分を守るのを優先する場になりさがっている。

官僚的腐敗組織になっていること。内通者がいるということ。世界情勢においても、善悪の違いがはっきりしなくなっていること。したがって、組織内対立が、諜報員の身の危険に及ぶということ。こうした状況的構造変化テーマが、このボーン作品にはこめられています。

また、ボーンの超絶的な格闘技の身体技術のスマートさです。ボーンの一匹狼が、政府機関やそれが使う情報技術を出し抜いて、真正面から闘うスマートさで、００７を超えています。超人的活躍ですが荒唐無稽でなく具体的人物として等身大的です。

歴史状況の変化は００７では、作品ごとに折り込まれていくのですが携帯電話からの情報技術による位置確認、エコロジー問題、バイオテクノロジーなどですが、当然、冷戦構造規制からの脱出です。何より、００７ボンド自身がスペクターによってずっと監視されていたという監視体制技術の高度・強化があります。

それにともない、MI6内部にも内通者が入り込んでいるだけでなく、スパイ活動のシステム構造変化が官僚組織化への変化とともに折り込まれていく。そこへ方向づけられた「カジノ・ロワイヤル」でした。マティスの内通、ヴェスパーの裏切り。

それは想像象徴的には、速度の加速化として表現されます。感覚が世界的に「加速化」しているのです。映像世界そのものが総体的に加速化しますが、私たちの日常感覚が、身体動作を離れて視覚感覚で加速化しているからです。産業的加速化は物流の加速化でしたが、情報世界は情報流の加速化です。映像の動きもそれにともない加速化しないと、ただ鈍麻しているとしか映らなくなる。映画のコマ数は、倍以上になっています。

それは、同時に対象物を単純な二項対立文化では判断しえなくなってきます。グレーゾーンというより混融です。善悪の識別が判然としなくなるという物語性の要素が、組みこまれました。始まりのチェコのMI6支局長の汚職からそれは示されていました。

もう、二重スパイという、ある意味政治的なマターではない、自己利益マターの出来事へと変化しています。賃労働従属仕事では、個々人は満足いかなくなっている世間の状態を示しています。

●既知のもののとりこみにおける一歩前進二歩後退

００７は、大衆的感覚・感性へ訴える娯楽性を持つゆえ、他の映画作品に対して、一歩前進二歩後退の立ち位置をとって、その結果、一歩前へ進みつつも映像表現内容世界としては一歩後退した位置から、現在の先端性を表出する。

カジノ・ロワイヤルの、最初の、トイレでの荒々しい格闘は、あえて、ボーンのスマートさへの対抗であり、また爆弾犯の追跡シーンで逃げる犯人の動きは、ボーン・スプレマシーでの追跡劇に類似、どちらが先かではなく、住宅地ではない、巨大クレーンの場所から地上の街区において演出している違い。『慰めの報酬』の最初のアクション・シーンでくり返される。

そして、MI6内部の裏切り、そして、いずれ『スカイフォール』からのMの交代の背後でうごめく官僚機構の腐敗構造も踏襲されています。それは、すでに、ル・カレのMI6の内部調査を描いた『裏切りのサーカス』(アレックス・ギネス主演でテレビ・ドラマ化1979年。ゲイリー・オールドマン主演で映画化2011年)で設定されていたものに通底するのですが、シリアスなそれを、ボーン・シリーズは痛快なエンターテイメント性へと飛躍させたのです。ボンド映画では『スペクター』で、Cによる大掛かりなシステム編成による乗っ取りとして描かれる。

もう一つは、スパイ物映画に関係しながら、女性のアクションそのものが前面に出てきます。チャーリー・エンジェルがそれでしたが、アンジェリーナ・ジョリーの登場は、大きなインパクトを与えたと言えるでしょう(『トゥム・レイダー』(2001、クレイグが脇役でした)から、『Mr.&Mrs.スミス』2005、『ソルト』2010)。他にもたくさん女性スパイ物が作られています。*

ブロスナン007で、女性はすでに活発なアクションを展開し始めていましたが、クレイグ007で、女性は存在自体が男勝りになっていく。やはり、一歩前進二歩後退なのです。①『ドクター・ノオ』では原子力、『ゴールドフィンガー』では女性パイロットたちが編隊飛行をする

*『エージェント・マローリー』2017、『アンロック』2015、007に出たオルガ・キュレンコの『その女諜報員アレックス』2016、『アトミック・ブロンド』2017、など。アクションでは『バイオハザード』連作のミラ・ジョヴォヴィッチがいました。

ものなどとして表示され、先端性を数歩いくものであったのですが、時代が進むにつれ、他が非常に早く変化していきますので、「古くさい」ボンドとしてペーソスを含んで、ボンド映画そのものが、他なるものの模倣・吸収になっていくことで、大衆性を確保するとなっていく。**

つまり、ボンド映画は、記憶の懐古、古いものへの郷愁といった、ファクターを組み込んでいく、それをボンド自身の形成に重ねたのです。この時間的反転は、クレイグ・ボンドを成功させた大きなファクターと言えるでしょう。

またこの映画では、CIA のフィリックスが黒人となり***、またマネーを供したウガンダのテロ組織のリーダー／オバンノ Obanno たち黒人が、ル・シッフルに金を返せと白人を痛みつけます。しかし、ボンドには殺されますが。黒人の存在を、優位的にリアルに大きくしてきたのも特徴です。ムーア・ボンドの時のように茶化した表現にはしていません。

新たなボンドの誕生、そして愛の物語。その始まりです。

Mは、追った悪人をすぐ殺してしまうボンドの「殺しのライセンス」の行使に、以後もいつも苛立ちます。CIA のフィリックス、そして悪のミスター・ホワイトが、以後も継続していきます。まだ、Qもマネーペニーも出てきません。その登場は、クレイグ・ボンド三作目からです。目立たない MI6 メンバーのタナー Bill Tanner もまだで、次作からです。

最初に見たとき、クレイグの演技に圧倒されますが、物語性としては何だこれはという感じですが、以後の連作と重ねて、細部に注意して再度見ていくと、実におもしろくできています。

** ⑦で、サンバーとバンビの二人の女性がボンドを襲いふきとばしますがただのアクロバットでした。
*** 別系Ⓑ『ネバーセイ・ネバーアゲイン』で、すでにフィリックスは黒人になっています。

「あなたに自由を与えたい」

2008年

Quantum of Solace
慰めの報酬

007

dir. Marc Forster
screenplay Paul Haggis, Neal Purvis, Robert Wade
cast Daniel Craig, Olga Kurylenko, Mathieu Amalric, Giancarlo Giannini, Jeffrey Wright
cin. Roberto Schaefer
(m.) Jack White and Alicia Keys "Another Way to Die"

多国籍環境主義への批判と復讐倫理 / バナキュラー存在

前作で、脚を撃ったミスター・ホワイトをトランクに入れMI6へ運ぶ途中、襲われるカーチェイスのシーンから始まる。明らかに、前作そのものの続きです。

攻撃を振り切って、ボロボロの車（Aston Martin DBS V12）状態で、イタリアのシエナのMI6の隠れ本部に、ホワイトを連行してきたボンド。

Mはヴェスパーとその彼氏の写真を見せ、イビサ島に死体が流れてきた、ヴェスパーの箱に残っていた彼の毛髪をDNA検査をすると別人だった。ボンドは瞬時に、写真を盗ってポケットにしまう、彼を黙って探すつもり。愛した女の復讐に入るのではないかとボンドを疑うMに、ご心配なく自分になんの重要でもないことだ、彼女も、と答えるボンド。

外ではシエナの祭り。そこと取調べが交互に。

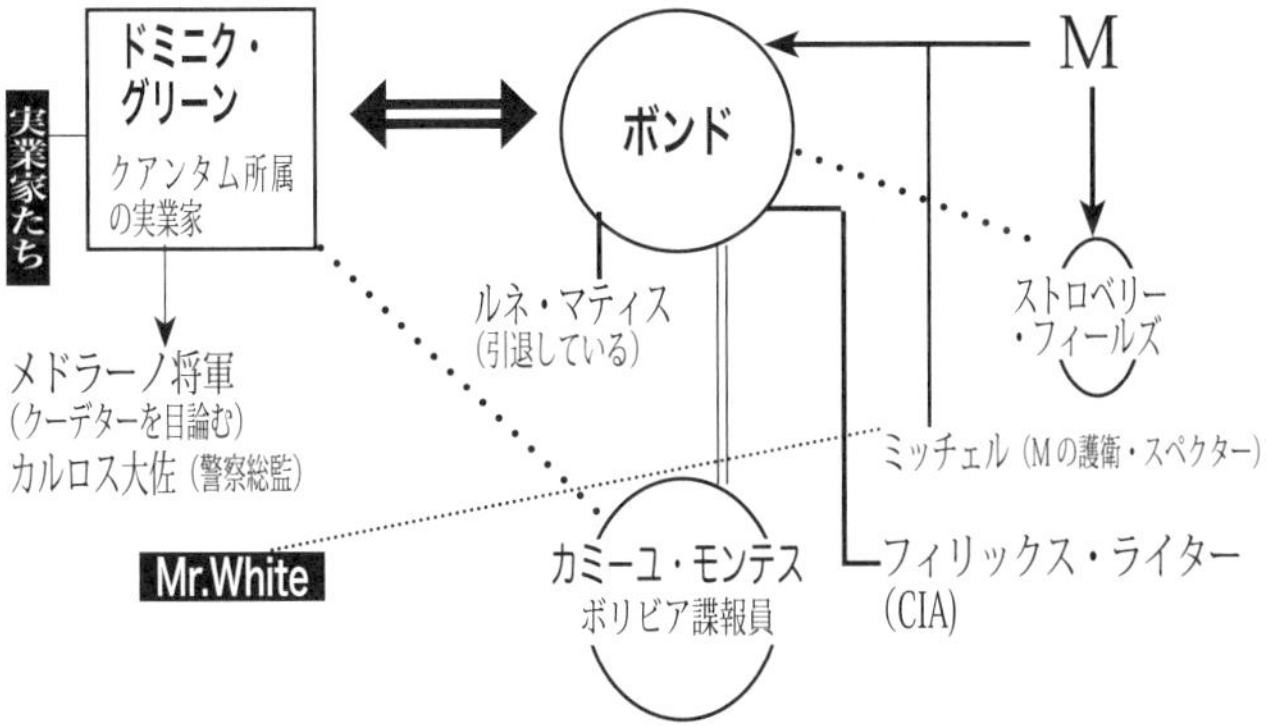

Mたちに対して、ホワイトはお前たちMI6もCIAも、影の組織の何もつかんでいないのかと嘲笑う。すると、そこにいたミッチェル Craig Mitchell が、Mたちを襲う、内通者だったのです。彼を追うボンド、その荒々しい追跡の闘いで、ミッチェルを殺す。彼はMの護衛でさえあった。どこにでも入りこんでいるスペクター組織、しかし、まだこの時点ではその存在は知られていません。

外ではシエナの祭り。そこと取調べ、そして追撃が交互に。屋根と民家の部屋をつく抜けていくそれはボーン・シリーズと類似。

せっかくの情報源になるミッチェルを乱暴に殺してしまったボンドを責めるM。しかし、この荒々しい追跡の闘いはボンドも命辛々で傷だらけになった闘いでした。もう、傷一つ負わないコネリー・ボンドとは完全に違う。

その間に、ホワイトはどこかへ逃げ去ってしまった。

死んだヴェスパーの背後にいる敵の存在を突き止めようと、指令も無視して独走するボンドを、まだ信用しきれないM、ボンド自体の監視を指令します。監視は身内のものへと向けられるのです。監視は他者の管理以上に、自己への安心と保守でしかない。

この二作目では、ボンドが真に愛したヴェスパーの存在がずっと尾を引いていくことになります。復讐の私情に走るな、とMは戒めますが、ボンドは、Mを守っているのだ、相手を殺さぬようにはするが・・・と命令に従うつもりはない、ただヴェスパーを死にいたらしめた背後の悪をひたすら追う。すぐ殺すボンドを復讐のためとMは感じている。

MI6の脆弱性が、外務大臣からも指摘される。これも、次の作品への布石。内部に、（まだ明らかにはされていないスペクターの）犯罪組織が内通者として入り込んでいるだけではない、ボンドの独走も組織機構の脆弱さの現れです。

調査班が、使われた紙幣の追跡をすると、ハイチのポルトープランスが浮き上がる。

ミチェルが連絡とっていたそのホテルの男スレイト Edmund Slate（地質学者）と闘い、彼になりすますと、カミーユ Camille Montes(Olga Kurylenko) が車で迎えにきた。カミーユを追うと、ドミニク・グリーンDominic Greene(Mathieu Amalric)のところにたどり着く。ドミニクは愛人として近づいてきていたカミーユを殺そうとしていた。この地質学者が情報をカミーユに売ろうとしていたからですが、実はカミーユを殺そうとしていた。一瞬の出来事で、何のことか掴めないのですが、カミーユは自分の親を殺した将軍に近づくためにドミニクに近づき、体まで許していた。それをドミニクがキャッチしていたゆえ、カミーユを殺そうとしたのですが、将軍に彼女を好きにしろと預けてしまう。

直感的に、彼女を救うボンド。名刺を監視する男に渡す、「ユニバーサル貿易」と記してある。かつて①からMが、本部を隠れ蓑にしていた会社です。

亡命中のメドラーノMedrano将軍がクーデターを起こせば、26カ国がすでに支援すると、将軍をけしたてるドミニク。自分たちの組織なら一週間でなしてやると豪語します。

ボンドの情報によって、MI6本部のタナーBill Tanner(Rory Kinnear)はドミニクが「グリーン・プラネット」のCEO、公益事業で環境保護をしていることが判明。さらにCIAに問うと「知らない」という返事に、MはCIAも追っていると感知。実はCIAはドミニクを支持していた。オーストリアのブレゲンツ行きのチャーター機にいるCIA、そこにドミニクが同乗する。クーデターが起きてもUSAは邪魔しない、石油債権をくれればいい、とCIA。USAが中東にかまかけている間に、南米は大きく変化した、ドミニクはマルクス主義者たちに自然資源を委ねる訳にはいかない、と投資もしないで利権を得ようとするUSAを非難しています。そして彼はCIAに、この男が邪魔だ始末してくれと写真を見せて頼む。そこにフィリックスがいたが、彼はボンドの写真を見せられ知らないと答える。上司・南米局長のグレゴリー・ビームGregg Beamのやり方に疑いを持っていたからだ。ビームはボンドだと説明、フィリックスの知らぬふり態度を疑います。そして、なんであんな悪党と組むんだとビームを批判。ビームは「善人が減ったからだ」、お前も出世があるだろう俺に従えと、CIAも腐敗していることが示されています。

オーストリアでの「トスカ」のオペラ鑑賞しながら、グリーンはスペクター下のQuantumの投資家たちとマイクロフォンで会議、世界のさまざまな計画の中でボリビアを優先させろと説きます。その一つを奪ったボンドが会話に介入し、彼らは退散するか知らぬふり、そこにミスター・ホワイトもいる。動いた彼らをボンドは写真にとりMI6に転送、そこで判明したのが、元大臣でシベリアの鉱山所有者、元モサドでテレコム界の大物、英首相に近いヘインズ特命大使など、その特別護衛をボンドは墜落させたのですが実際に撃ち殺したのは墜落した警護員に顔を見られたと嫌ったグリーンです。ボンドは情報を知り驚いた顔を一瞬します。トスカ・オペラとボンドの銃撃戦を交互に展開。

この情報を、Mは自宅で受けているのですが、そこに男の声が一言入ります、夫がいるようです。Mはボンドのカードを停止、パスポートに要注意人物と配布、監視しろとタナーに命じます。動きを封じられたボンドはイタリアのタラモーネにマティスを尋ねる。

マティスと善悪の識別

前作の事件で疑われ、拷問を受けたマティスは、謝りに来たのかとボンドに冷たい。歓待するマティスの彼女は、拷問のおかげでこの別荘を得たんだからお礼を言わなきゃと。パスポートとクレジットカードをボンドはマティスに頼みます。

「若いときは善悪の区別がはっきりしていたが、年取ると誰がヒーローで悪か難しくなる…ヴェスパーはかわいそうにお前を愛していた」、「だが俺を裏切った」、いや「君に命を捧げたんだ」…黙るボンド、オペラ会場での参加者の写真を見せる、曲者ばかりだとマティス、ヘインズは首相にもっとも近いと指摘。ボリビアに七年いたマティスに協力を頼むボンド。

夜、バーでマティーニを飲みながら、ヴェスパーとその彼氏の写真をみるボンド、その脇にはヴェスパーのネックレス。眠れない苦悩しているボンドを気遣うマティス、ボンドは彼を疑ったことを謝罪、それに敬意を評してボリビアへマティスは同行する。

先のCIAもマティスも、この作品では「善悪の区別がはっきりしなくなっていること」が主要なテーマです。敵味方もわからなくなっている。ボンドとマティスの関係もそうでした。そこに決着づけをしようとする二人です。ここまでで、映画の半分です。

ボリビア、貧しい民が背景に：エネルギー環境事業を隠れ蓑の悪党

ボリビアのラパス。MI6のメンバーでもある領事館のStrawberry Fields (Gemma Arterton)が迎えにきていて、英国行きの飛行機で送り返すよう指令されていると。安ホテルへ案内するが、ボンドは拒否し豪華ホテルのスイートをとる。もう００７になっているということです。豪華ホテルに目をみはるストロベリー、ボンドはちゃっかりと彼女と寝る。

ボリビアでは一貫して背景に貧しい民の存在《バナキュラー》が、一切説明なしに常にリアルに背景表

現されており、ボンドやグリーンの豪華ホテルと対比されます。ボンドは民に一切関心を見せないが、黙って感知しており、同情も嫌悪も、支援も拒否もしない。

紹介する。マティスは、グリーンが開催する「Eco Park」のパーティの招待状を手に入れ、ボリビアの軍幹部を紹介する。かつてここで活動していたゆえ、可能なことでしたが、わたしはふと、ボリビアでのゲバラ掃討に関与したことの系譜上にあるのかなと感じたことと、ボリビアは海がないのに海軍を持っているのですが（ハイチで将軍は豪華なボート、武装した豪華船を持っている）、それを編制したのは実際にナチスの残党で、その監視もしていた、そういう空想をめぐらせたものです。ボンド映画は、そういう推察をも誘導します。カミーユの父はロシア女性を妻にし、民衆側にたつ左翼的指導者であった。

ドミニク・グリーンは、石油にかわるエネルギーとして広大な砂漠に潜む水資源を手に入れるべく、実業家たちから資金を集め、メドラーノ将軍にクーデターを起こさせ、そのもとで利権を手に入れようと画策していた。。環境事業と称し、民を略奪しているグリーン。ボリビアの貧しい住民たちには、水が届かなくなっている。

水資源が、未来のエネルギーになるという、環境事業の独占をめぐる策謀です。地球環境の危機を演説で説くグリーン。植物の死滅が起きている、「ティエラ計画」は崩壊寸前の地球を蘇らせるためグリーン・プラネットが立ち上げたグローバル運動の一環である、協力を、と。飲める水を得るのに給与の半分を使う。木を伐採する政府が悪いからだと、巧みにクーデター準備と資金集めをするグリーン。そこに現れたカミーユは、グリーンが伐採した企業と結託していることを暴露、さらに狙われることになる。*

オーストリアでオペラを観ながらタキシード姿の富裕な実業家たちが会議していた計画のことです。多国籍企業を明らかに示唆していますが、社会の中に潜む悪です。

そこにボンドがグリーンの前に現れると、彼はボンドがMI6から嫌われかつ彼に接する女性は皆死ぬと仄めかす。グリーンはもうボンドについての情報をつかんでいます。

ボリビアの階級差、ボリビアとの民族差を、説明なく、映像だけでさりげなく背景で見せる手腕はなかなか。バナキュラーな民の存在を、リアルに映像化している。

裏切り者だが仲間のマティス

マティスは、警察から襲われ瀕死状態でいた。最後にマティスが残した言葉は、ヴェスパーはお前に全てを捧げていた、許してやれ、そして自分自身を許せと。マティスを抱きしめるボンド、「マティス」は偽名かと尋ねるボンドに、認めるマティス、つまりスペクターのスパイであったということです。ボンドに協力したことで殺された。「互いに

* この水資源の問題は実際にボリビアでおきた1999-2000年のCochabambaの水戦争・反乱が背景にある。

許し合おう」とマティス。ボンドの手の中で息をひきとる、友人を失うボンド。しかし、マティスの死体をゴミ箱に放置する。戒めるカミーユに、「彼は気にしない」とボンド、この、冷酷さに、しかし愛があるボンドの相反的な心情の性格描写は秀逸。

単純に善悪の区別などつかないと、現実の諸関係の複雑さを理解するマティスは、ボンドの一途さに、自分がなせなかったことを託したがゆえ、最後命がけでボンドに協力した。ただ単純にスペクターではない、諜報員のこの葛藤が、自作のラウル・シルヴァへの伏線になっています。MI6 はマティスを冷たく扱っており、ボンドも今、疑われている。現場にいる者から見て組織は、自分たちを理解できていない。

英国外務大臣には、ボンドがマティスを撃って殺したと報告されています。

カミーユとオンボロ飛行機で、砂漠の中のホテルへ向かうボンド。そこを、戦闘機で襲われる、空中戦。飛行機は墜落、パラシュートで脱出し、落ちたところに水源があった。

水資源であることが判明、民衆が使うオンボロバスでラパスへ戻る二人。

ボンドがホテルに帰ると、Mが来ていた。復讐で怒りのため自分を失い、相手構わず人殺ししている、敵味方を区別できない者は去れ、とMは完全にスペクターの罠にかかっています。ボンドがMI6に疑われて単独行動するのは、⑥や⑳なども。

そこには、ストロベリーが全身石油を塗られ、石油まで飲まされて殺されていた。ゴールドフィンガーでは金粉でしたが、今度は真っ黒な石油です。荒唐無稽さとリアルさとの対比ですが、殺人はただほんのちょっとボンドに協力したそれだけですが、諜報員としての正体はばれていた。ボンドへの見せしめですが、セックスと殺人との対比です。これも、去勢への示威です。

「たいした魅力ね」「女は皆いいなり。何人死なせた?」と吐き捨てるM。

グリーンがそして後にブロフェルドが「ボンド君、君が愛する女はみな死ぬ」と言う台詞と対極的です。つまり、スペクターが、殺しているのですが、男根性への戒めの対極的判断です。

ボンドに停職を命じ拘束しますが、ボンドはそれを振り切り、拘束者から銃を奪い、Mに操作を続けると明言。しかし、逮捕状が出て追われるボンド、そこでMはボンドを信頼しているとタナーに告げます。〈銃〉は男根の象徴、去勢状態からの奪還となる。

CIAは、石油利権と思って、ドミニクとの協力を画策していた。そこに、あのカジノで助けてくれたフィリックスがいた。彼はCIA上司の仕方に不満を覚えながら、ボンドに情報を流し、ボンドを捕らえようとする軍とCIAとの協力から、ボンドを救ってやる。何をボンドに話したのかと問う上司に、フェイクだ（ガセネタだ）とあしらうフィリックス。彼はボンドと同様に、世界の隠れた陰謀を追及する人物です。

砂漠の超モダンなホテルでのドミニクとの闘い

カミーユに、銃で人を殺す仕方を教えるボンド。銃の撃ち方を女性に教えるのも定型。女性に〈ファルス*〉をもてということ。壮絶なホテルでの闘い。カミーユは将軍を殺し復讐をとげる。

逃げるドミニクを捕獲し、組織のことは聞いた、用はない、お前は組織から狙われ殺られるだろうと砂漠へ放り出すボンド。一つのオイル缶を投げ与える。

後日Mから、ドミニクは銃を後頭部に二発くらって死んでいるのを発見された、胃の中にはエンジン・オイルが見つかった、あんたに思い当たることは？と問われる。ストロベリーの復讐をすべく、水ではなく石油を与えたボンド。ですが銃で殺したのは、スペクターであることがここでも暗示されている。ボンドとスペクターの共同的な殺し。

* ペニスが男の男根で、ファルスphallusとは、生物的な陰茎ではなく、母親の男根という幻想を想定されたし。象徴と幻想の区別を。女が男になるということではない。ボンドはファルス去勢をされようとされるのですが、されないでファルス至上主義を貫く。これらの心的構造はPART2で。

クアンタムはスペクター傘下の組織であり、ミスター・ホワイトが管轄しています。そして、ボンドは、この時、もうスペクター組織の情報をえていたということになるのですが、彼は黙っている。これも伏線。

この砂漠のホテルで、メドラーノ将軍はホテル・スタッフの女性を強姦しますが、ボンドの愛情ある性愛と悪役のただの欲情昇華とが、男根主義の両極として表示されています。これを違いとみるか同一だとみるかは、判断する側の理念を規制します。クレイグ・ボンドが一歩深まっているのは、こうした未決の本質課題をメタファー的に暗示しているからです。コネリー・ボンドやムーア・ボンドみたいにただ女性好きの、仕事の後の愉楽次元に、もはやボンド映画はありません。

ですので、この作品では、ボンドはボンド・ウーマンとは寝ない。ボンドの孤独さを感知したカミーユはボンドに「あなたに自由を与えたい、でも地獄がこの頭の中にある」*と、その愛情にボンドは軽くキスしただけで別れます。ボンドの復讐、カミーユの復讐、その虚しさを表すように、墓場がアップされます。「これで死者は安らぎを?」「死者は復讐など求めない」…と。そして舞台は乾いた砂漠から一転してロシアの雪のカザンへ。

* I wish I could set you free. But your prison is in there.
字義的には「あなたの監獄がそこ(頭の中)にある」ですが。

ヴェスパーのネックレス

この映画の最初で、ヴェスパーの彼氏だという二人が写っている写真を見せられたボンド。「裏切り者」は関係ないとボンドは吐き捨ててはいたものの、ボンドだけでなくMI6も、死をよそおったヴェスパーの彼氏を追っていた。

女性と一緒に部屋に帰ってきた男＝Yusef Kabira。そこにボンドが潜んでいた。その女性は、カナダの諜報員コリーヌ。男に騙されているぞと、ヴェスパーのネックレスを見せて、親しい友人が彼からもらったものだ、と暴露するボンド。彼女がつけているネックレスは、ヴェスパーがつけていたものと同じ。つまり、ヴェスパーの彼氏であった男です。利用されていたのを知り、「情報システムをチェックし情報が漏れていないかを本部に伝えろ」と言うボンド。感謝し、去る女課報員。

この男を殺害せずにMI6に渡すボンド。外にはMがいた。

「悔いはない?」と問うM。

Mがヴェスパーの件で正しかったと言うボンド。ヴェスパーを認めたのだ。

I need you back. と問うMに、Never Left. と答えるボンド。ボンドは組織から疑われ見捨てられても、女王と英国への忠誠に一切ぶれないで、隠れている悪を追求し倒します。ネックレスが、雪の中に捨てられている。

ここからさらに、ヴェスパーを利用した者たちを見つけ出していくボンドになる。ヴェスパーをこれで吹っ切れているかのように振る舞うが、消えない想いを内に潜ませているボンドの存在があり続けます。

そして、終わりに完全な形でガンバレル・シークエンスが現れ、そこに赤い色が流れ、ボンドテーマ曲が流れます。

つまり、ボンドはMから心底信頼されるボンド自身となったのが、この第二作です。

善悪の区別が曖昧になっている世界様態、それは個人でも組織でも世界情勢でも。愛や友情でも。そして、復讐の虚しさに迷い葛藤するボンドとカミーユ。道徳的テーマは、古典的に深刻ぶらずにしかし内的な表現されない表現として、ナラティブに構成されているため、クレイグ・ボンドはアクションの華麗さと対比的に渋く表出されているのです。

これがさらに深まっていきます。共同規範従属の〈道徳〉と自己の自己にたいする自己技術の〈倫理〉との葛藤です。

「なんでそんなに走り回り続ける」

2012年

007 

Skyfall
スカイフォール

dir. Sam Mendes
screenplay Neal Purvis, Robert Wade, John Logan
cast Daniel Craig, Javier Bardem, Ralph Fiennes, Naomie Harris, Bérénice Marlohe, Albert Finney
cin. Roger Deakins
(m.) Adele "Skyfall"

熱狂的自由エゴへの批判と〈母 - 息子〉の欲望構造

ボンドがぼんやりした陰から現れ、部屋の中に入ると、仲間のロンソンたちが撃たれていて、ハードドライブが盗まれていた。負傷する仲間にかまわず犯人を追えと命令するMの声。車で、ボンドを拾う黒人女性イヴと追跡。激しいカーチェイス、そして列車に飛び降りての闘い。

トルコです。闘っている相手は傭兵のパトリス Patrice (Ola Rapace)、上海でもボンドと闘う。

Mの撃てという命令で、イヴが撃った銃弾に当たって川に落下するボンド。窓から雨のロンドンを思いつめ眺めるM。流され滝を落下し、水底に沈んでいくボンド。そこからタイトル・シークエンスとなります。

タイトル・シークエンスは、ボンドを配置して、これまでとこれから繰り広げられる物語の主要なイメージを置き、ボンドの心的深層を想像界配置しています。

それは、とくに生まれ育ちと墓場のイメージで、深い暗闇の世界です。

「スカイフォール」は、〈母と息子の関係〉物語です。そこに、〈旧・新〉の対比がからむ。母＝Mに裏切られた二人の息子＝諜報員です。現役ボンドと元エージェントのシルヴァ。シルヴァ Raoul Silva(Javier Bardem) は病的に固執していますが、ボンドは命令に忠実に従う男として成長・離脱し、新たなM＝父に、「喜んで従う」自立した男になっていきます。

前者は、悪へ走り死ぬ。後者は、正義へ生きる。母から超自我へと、それをいかに克服するかの精神分析的なものと実際倫理が絡んだ作品になっています。

最後にはためくイギリス国旗を見つめながら、しかし、それはナショナルなものへの忠誠ではなく、共同幻想国家なるものの正義を、世界を危機から救う個人として従う諜報員としての自立です。国家を腐敗させている者や物事への闘いでもあります。

ここには、非常にカント的なものの課題が配置されているゆえ、物語性としてはさほどのおもしろさはないのに、人々を引きつけることになり、クレイグ・ボンドへの期待とともに、興業成績はナンバーワンとなった。好きな作品として世間で第一に挙げられるのも、新たにQとマネー・ペニーが登場し、Mも死んで新たなMへと、ボンド・チームが古典的に配置換えされたからでしょう。一歩前進二歩後退が、うまくあちこちで相反的に新旧、善悪、男女、黒白、など二元配置されて相互変容的にバランスがとられています。成長してきたボンドが、古典的ボンドを介して、新たに完全出現したからではないでしょうか。

Mは男に戻り、老人Qは若き生意気なオタク的青年となり、マネーペニーEve Moneypenny(Naomie Harris)は黒人へ転じられました。現在的な倫理・理念状況への対応ですが、社会要請への迎合とのスレスレで小気味よくこの作品は作られています。

ボンドは、マネーペニーの銃弾に当たって、一度死んで、自暴自棄的な退廃的暮らしを経て、復帰する再生となって、少年期の自分の世界へ戻り、そこを破壊して、成長する。そして、母=Mの死の悲しみを、ヴェスパーを失った悲しみに溶けこませ、内に秘め、ジェンダーとして、母との関係性から父との分離性へと転移させて、超自我を安定させ、真の敵=スペクターと闘うことができる、次作へと繋がるのです。

そのためには、自分がアイデンティティを持っていたMI6=場所が爆破されて、組織との関係において生まれ変わらねばならなかった。ボンド個人にとっては、自分を育ててくれた場所=スカイフォールを爆破せねばならなかった。「空が落ちて粉々に砕ける」です。

最初、痛快なボンド映画を期待していたわたしは、最初の列車上のアクション・シーンに引きこまれながら、しかし物語の主軸が奇妙なシルヴァの言動のわけのわからない方向へズレていくのを感じましたが、精神分析的な視座からこれを見ていくと理解が定まり、かつ意識されていないのですが「実践理性」として誤認されているカント的な「実際理性」*の問題が潜んでいることに気づきました。ボンド映画としては異様な映画です。

少しづつ紐解いていきます。

二つの水中と二つの場所

ボンド映画の古典的な定型は、単純な二元対立にあります。

今回、監督メンデス／脚本家たちは、そこに儀礼通過的な水中シーンを通じて、時間化による脱皮を象徴化しました。

世界のテロ組織内に潜むNATO諜報員たちのデータを盗んだ男を、激しく追跡するボンドは、走行する列車の上で闘います。アクション映画でよく見る列車上での格闘ですが、列車上にショベルカーまで出てくるボンド映画らしい派手さです。

＊ カント『実践理性批判』は、Kritik der praktischen Vernunft で、Praktik＝実際行為であり、Praxis＝実践ではありません。実践する理性ではなく、理性の実際的働きの考察です。

援護するイヴが、照準が定まらないためボンドに当たってしまうかもしれないと躊躇していることにたいして、当たっても構わないから「早く撃て」と冷酷に命じるM。弾はボンドに当たってしまい水中へ落下し、死亡したとされて、葬儀もなされますが青々しい粗野なボンドは、ここで死ぬ。死の通過儀礼です。ボンドは母＝Mにここで裏切られたのです。しかし、ボンドは生き延びて孤島で、生気を失いやつれて暮らしていた。

タイトル・シークエンスのあとは、MI6本部で、ボンドの葬儀案内をしみじみと見ているM、そして葬儀。黙して思いに耽っているMの顔。これをはじめジュディス・デンチの最後の名演があちこちで光る作品です。

また後半、スカイフォールで、激しい銃撃戦をへて、氷上でシルヴァと向かい合うボンドは、その手下を倒すべく、氷を乱射して、手下もろともに水中へ落下し、それを殺して、シルヴァとの決着づけへ向かいます。これは、少年経験を消滅させて、諜報員〈男〉へと通過儀礼していることです。これは生＝闘いへの通過儀礼です。

この二つの水中が、母体の胎内を想像表象しているのは言うまでもないでしょう。

前者で、ボンドが戻る決意をしたのはMI6本部が爆破されたからで、どこかでかつての自分の存在証明があった場所が破壊された、それを新たなものへ修復したいことからの甦生です。Mの部屋に忍び込んで、「死をエンジョイしていた」と皮肉るボンド、なんで自分を信用してくれなかったのかとM＝母を責めますが、母であることより超自我的に男であろうとしているMの側の葛藤もあります。マローリー Gareth Mallory(Ralph Fiennes)から引退を勧告されてもいる。Mがこれを処理しきれていないために、もう一人の息子＝シルヴァを生み出してしまい、またボンドを撃ってしまうことになった。まだ息をしていたローソンもシルヴァもボンドもMに見捨てられた共通性をもっています。

ボンドは職務復帰しMを救出すべく闘うことになるのですが、復帰の試験でことごとく失敗して、かつてのスキルがない。Mはそれを隠して合格させ復帰させます。

しかし、孤児であった自分を一人前にしてくれた母＝Mを守ろうとするも死なせてしまう、守れなかった失敗に結果します。この失敗の背景には、自分の仕事場＝MI6の場所の崩壊と、自分の故郷＝スカイフォール＝場所の破壊とが重ねられています。

水と土・火の対比です。

また、古きと新しさとの対比がテーマになっています。ボンドやMは古き伝統の側にいる存在であり、新しい存在はQやマネーペニーです。

スコットランドの田舎の古き一軒家スカイフォールを、老いたキンケイド Kincade(Albert Finney) が守っていた*。ボンドと彼は、Mを守るべく、手作り的に防御を固めますが、爆破させて敵を殲滅するためです。

ボンド・アクションが成功していく変容

走る追いかけっこ、車の横転（失敗）だった一作目のアクションは、二作目では舟同士の闘い（逃げ切る）、飛行機同士の戦い（墜落）、そしてこの三作目では、カーチェイス（振り切る）、オートバイの追跡から列車上での闘い（撃たれて落下）、地下鉄が突っ込んでくる（回避）、そして地上とヘリコプターの闘い、西部劇まがいの銃撃戦とダイナマイト爆破の破壊的な闘いへと移行しています。シルヴァを倒すのは、銃ではなくナイフです。

闘いも、象徴的に成長へと拡大移行している。失敗を一つ一つ克服しているボンドがいる。

スカイフォールへ連れて行くとき、Mが、座席は飛び出さないわよね、とボンドの愛車 Aston Martin DB5 に乗ったときに呟く、洒落。この車もヘッドライトの脇から機関銃が

* アルバート・フィニーは、ジェイソン・ボーンを作り出した博士です。ここ 007 で善人に配役させている。

出るのですが、象徴的にシルヴァによって破壊される。

諜報員にとって闘いとは、現実において生き抜くことを意味する、生死における生き抜くことの行程です。ボンドは、たくましくなっていく。

そしてボンドにQが与えた銃は、ワルサーPPK/Sですが、「指紋認証」でボンドにしか撃てない先端的現在性が付加されています。フィルム・ノワール的な小さな銃（虚勢的なもの）から、西部劇的な大きな銃（男根的なもの）へと変わっているのです。

また、孤島で暮らすボンドは、ラフな格好でハイネケン・ビールを飲んでいるが、マカオでは、スーツで例のウオッカ・マティーニを飲む。

ボンド映画で脚本も演出も見事だと感じるのは、小さな小道具を繊細緻密に描いていることです。一作目『ドクター・ノオ』から絵画にインテリなボンドです。

ナショナル・ミュージアムでQ（Ben Whishaw）と初めて会うとき、しげしげとターナーの絵を観ている*。軍船の絵は昔の映画の海軍出身Mの部屋に飾られていた。「立派な軍艦もいずれ屑鉄になる、時の流れは虚しい。悲しい絵だ」と言うQに対して、ボンドは「ニキビ面の若造」がとたしなめますが、パソコンさえあればパジャマ姿で敵を追い詰め

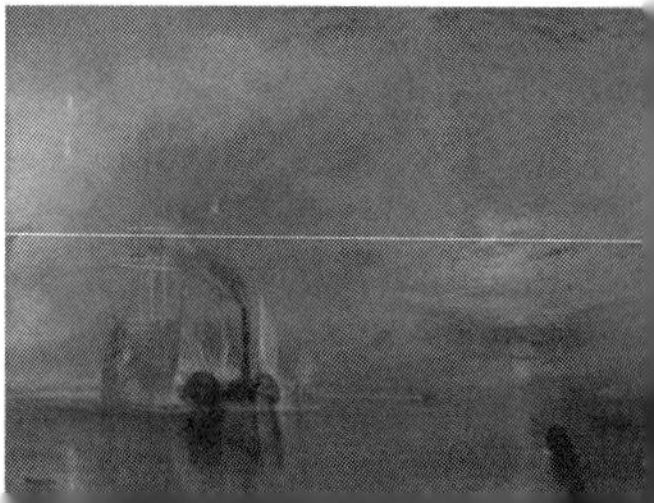

* ジョゼフ・マロード・ウィリアム・ターナー『解体されるために最後の停泊地に曳かれてゆく戦艦テメレール号』1838

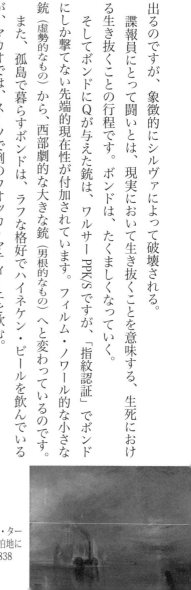

ることに諜報員には負けないとQ。じゃ俺は必要ないなというボンドに、銃を撃つ時必要だ、と応えます。先端情報技術にたけて敵を追い詰める青年と、古臭い銃で敵を殺すボンドとの対比でしたが、かつての年取った「Qと若造ボンド」の関係は反転して「もう白髭がみえるボンドと若造Q」との関係になり、これがまた味がでていきます。車をちゃっかり拝借してしまうボンドの方が若造的で、Qの方が冷静だったりと。

ボンドにPPK/Sと無線機をわたし、ペン型爆弾などアンティークだと揶揄するQ。⑰などで使われた武器です。新しさの環境の中での、ボンドの伝統性が新Mと共にテーマ。

上海。到着したパトリスを追跡するボンド。パトリスは、向かい側のビルでモジリアニの絵「扇を持つ女（ルニア・チェホフスカ夫人の肖像）」を観ている男を射殺。周りにいる男たちは平然とその死体を片付ける。なぜモジリアニなのかわたしにはちょっとわからないのですが、ナチスか誰かに略奪された絵か、最高額で落札された絵なのか、贋作なのか？　そこにいたセヴリンと関係するのか。生気のない眼の顔の絵ですが、絵と並んで向こうからボンドをじっと見るセヴリンの代表象にはなっています。

ボンド映画の中で、背景に飾られる絵など、①からずっと、何か意味があります。**

** ⑦ではティファニーの部屋に、フェルメールの『取り持ち女』（男が後ろから女性の胸に触れている）、などなど。

Mのコンピュータはハッキングされ、毎週五人づつ課報員を殺すと公表。Mに〈THINK ON YOUR SINS〉とメッセージが。道徳的裁定を下しているメッセージです。

この作品では、またクレイグの鍛え上げられた男根的肉体が誇示されます。

シルヴァから、何を走り回り続けているんだ、リラックスしろと、呆れられるボンドの愚直さ。

MI6の存続を問う聴問会で、古臭いスパイ合戦をしている時代ではなかろうと言う詰問者に対して、危険は迫っていると、その存在意味をテニスンの詩で説くM。そこにシルヴァたちが銃で襲ってきて、議会内は銃撃戦になる。この荒唐無稽な殴り込みにも、トロープが描かれているゆえ、観るものは机上で綺麗ごとを言っているだけの官僚的政治の限界を示されて、逆射されたある痛快さを覚えます。悪の讃美ではなく、腐敗懲罰の快。

シルヴァという対照的存在

シルヴァも元はMI6で働いていた課報員であった。1995年に中国で捕まり拷問され、Mから見捨てられ、自死するため歯に埋め込んだ薬で歯と顎を失って入れ歯でいる。したがって、ボンドの立場や活動をわかっています。表層では、悪と善との対比ですが、善悪の本質は同質です。ただダブルOの資格はない。

ですが、この二人の対比には、母とMI6という、欲望三角形の疎外表象があり、そこに実にカント的なテーマが不可避に配置されています。

最初観たとき、なんという病者であり、なぜこんな設定をしたのか、シルヴァの心的なものと行動とのギャップに違和感を覚えながら、何か、わからぬ物語性の奇妙さを感じたものですが、冷静に見返すと、熱狂的道徳性と自由・従属、尊敬、をめぐるカント的テーマが不可避に配置されていることに気づかされました。脚本家たちの哲学ではなく、おそらく彼らには無意識な、物語を構成していくときに不可避に直面する哲学的問題の先験的な超越性がそこに潜んでいるのです。

シルヴァの行動＝実践は奇行的で異様ですが、実際的＝プラチックにはいたく意味があります。それは「実践理性批判」と誤認されているカントの「実際的理性批判」の主題に関わるものです。

スカイフォールの田舎の一軒家、そこにシルヴァはヘリで大音響の音楽を流しながら接近してきます。なんで、周囲に誰もいない場所でこんな派手な行動をとるのか、意味がわからなかったのですが、彼は熱狂的道徳性として自分は「自由である」ことを過剰表現する。ボンドに、なんでそんなに走り回るんだ、お前には自由がない、ということを主張します。つまり、自分には強制されているものは何もない、その強制感覚の不在を自慢する、拍車も手綱も必要とせずに、命令も義務も必要としないその心と行動が自発的に善で自由なんだと高らかに自慢するのです。愛人に囲っていた女性（セヴリン）でさえ、なんなく撃ち殺し、Mの聴聞会に憤然と乗り込んで乱射し、さっさと逃げ、MI6に捕まろうとも平然としていて逃げおうせる、ボンドがどこに行こうが見つけて殺せるぞ、Mも殺せるぞ、それが自由なんだという、実は軽薄で高騰的で空想的な言動をなす熱狂的道徳者を気どる。それは、書くことも知ることもできない、表象不可能な自由であって、どんな傾向性の満足も目的とせず、自分の行為の原因は自然の中にも組織の中にもどこにもないと口に出して言明します。

制度や慣習やイデオロギーや規範や真理・言説からも拘束されない自由であるという、「責任限定を有さない自由」です。〈熱狂的自由エゴ〉と言い換えましょう。

シルヴァは最後Mを抱き寄せその指に引き金をとらせ、「一緒に死のう、自由になろう」

と銃弾が二人を突き抜けるよう促す。そのシルヴァの背中を、ボンドのナイフが突き刺す。

シルヴァに対して、ボンドはMI6の指令に忠実であり、かつ、それが悪を制圧できないなら自分で自然の傾向性に反する「義務」の感覚・直感を通じて、忠誠の道徳の「法」として、道徳的行為として、悪を倒すのですが、強制の感覚を有した責任限定の任務としてです。これをシルヴァは嘲笑うのです。

シルヴァの言動は、ある意味、現代人の利己主義に通底します。人間は説明不可能なこと理解不可能なことをやるものなんだ、自分は規制性などから自由放任でいられるんだ、とネガティブな形式に理念を転じている現代人そのものです。

カントは、こうした道徳的熱狂と真の自由とを分かつのは「尊敬」の有無だとみなし、尊敬こそが感性的な有限存在と自由と唯一の関係であるとします。ボンドはMを尊敬していますが、シルヴァはMを愛情の裏返った恨みとして尊敬していない。ここに、崇高さの差異が表出します。有限者として理性的存在に尊敬を要求する道徳的法則性をボンドは、たとえ悪を「殺しのライセンス」で殺そうとも、崇高の尊敬をM及び共同幻想としての英国に対して忠誠としてもっているのです。観客は国家を逸脱しないボンドの存在にある安心感を共同幻想的に感取するのではないでしょうか。そこからはみ出すシルヴァの熱狂的道徳性は、そんなものは自由ではないと、その不在を誇示する。

こういう、自由の幻想と実際との相剋を表象した、非常にカント的テーマの、先験的＝経験的な二重性の作品になっています。ですので、最初、わたしは忍び寄るカント主義に違和感を感じてしまった。自由と拘束性の問題はカント的〈純粋理性〉の問題設定にはないからです。個々人は、歴史的、社会的な規制性をパワー関係の中で被っているからです。

しかし、ボンドはMを死なせてしまう限界に対面して、ここを突っ切っては行きますが、達成はできない。それが、ボンドのリアルさ、もう超人的ではないジェームズ・ボンドの親密性を私たちに与えるといえます。一方、引退勧告されているMは、〈dignity〉の課題をマローリーから指摘され抱えています。「尊厳」です。

「僕がついている」と言うボンドの手の中でMは「私は正しかった…」とボンドを育て信頼したことを暗示しながら死んでいく。そのボンドの悲しみの顔。初めて「泣いた」ボンドです。Mの額にキスし、じっと抱きしめ続ける。監督が、このシーンを撮ってカット！と言った瞬間に自分の涙を拭っているのが話題になりました。ボンドとMの迫真の演技です。

マネーペニーの出現：ボンドガールの再転移としてのボンドウーマン

「スカイフォール」のボンド・ガールには大きな存在がいない、むしろMがボンド・ウーマンだとムック本などは繰り返していますが、そうではない。

最後ではっきりしてくるマネーペニーは、大きな表象的意味をもっているボンドウーマンですが、ボンドと寝ない。完璧なドライブ、射撃、情報技術に長けている諜報員で、秘書のデスクワークに転職する。つまり、彼女は万能です。

白人ヴェスパー㉑からラテン系のモレノであるカミーユ㉒へ移行したボンドウーマンは、このスカイフォール㉓では、東洋系と白人系の双方を表象するセヴリンと黒人系のマネーペニーの両極を表象します。これは、⑱「トゥモロー・ネバーダイ」のアジア系のミシェル・ヨー［ウェイ・リン］、さかのぼる⑤「007は二度死ぬ」のキャシー・鈴木（浜美枝）と⑳「ダイ・アナザーデイ」の黒人系のジンクス（ハル・ベリー）たちを総括的に表象しています。女性の一つの総括的な再配置です。そして、若き彼女たちと老婆Mとの対比です。Mの顔の皺が、この作品では強調される。ボンドがMの部屋に忍び込んだとき、誰もいない、つまり夫はもう亡くなっていた、ひとりになっているMです。

ボンドガールを死なせてしまうのも古典的な定型の一つですが、ボンドは女性に対しては本質的に失敗するのです。その典型表象が最も愛したヴェスパーであり、心の傷であり、であるがゆえその昇華としてセヴリン Sévérine(Bérénice Marlohe) を救ってやるといいながら、しかし死なせてしまう。その悲しみはうちへ秘める。

一方、マネーペニーは、ボンドを一度殺してしまう「失敗」を抱えた女性であり、ボンドが古きボンドから新しいボンドへ移行することを、彼の喉を切れる剃刀で髭を剃ってあげながら、「あらゆるケースで助けるのが任務だ」と、アクションをなすも諜報活動の現場から退いて、Mの秘書としての仕事につく。「イヴ」だと名を明かし、「マネーペニーだ」と名乗る。観ている私たちは、オウと驚くのですが、それまで名も明かされず観ていたわけです。ボンドと蝶々発信していたかつてのマネーペニーの古典的な姿の、その若き日がそこにあったからでしたが、かつてのマネーペニーはアクションするようなタイプではなかった。父権的環境の中での女性らしさにあったにすぎない。

失敗した自分を取り戻し、ボンドを助けることができたマネーペニーは、言うまでもない、ボンドガール／ボンドウーマンの境界に立つ重要な存在です。セクシャルなものを超越する女性性の表象といえます。ボンドが胸元を開けようとするとさりげなくかわす。

つまり、「スカイフォール」は、様々に表象されてきたボンド女性たちの総括的表象を、あまり目立たずにしっかりと継承転移したものになっています。それは、あまり派手派手しくなく、セクシャル化だけに還元できない、そういう次元ではない女性存在の表出という再転移です。ジェンダー回帰でもない、セックス化でもない、そのジェンダー／セックスのはざまの表象。

この作品の物語展開はシンプルで、存在の内面性の人間関係になっています。

ボンドが孤児で、この家で育てられたと言うことがはっきりし、次作で、残された古い写真に、もう一人少年がいた、それは焼けて見えない。これが、次の「スペクター」で、すべて明らかになる。不在の実在化は、記憶への回帰ではなく消滅であることでの解です。

タナーから「中へ」とMの部屋に入りドアを閉めるボンド、そのドアもまた昔からの同じデザインのドアです。マローリーがMとなっていて、「仕事に戻れるかね？」に、<with pleasure>を二度繰り返すボンド。右にボンド、左にM。

Mが男になって戻ってきた、古きと新しきの統合です。Mはジェンダー化されていた、その超克。

「クックー」

2015年

007 

Spectre
スペクター

dir. Sam Mendes
screenplay John Logan, Neal Purvis, Robert Wade, Jez Butterworth
cast Daniel Craig, Christoph Waltz, Léa Seydoux, Ben Whishaw, Naomie Harris, Dave Bautista, Monica Bellucci, Ralph Fiennes
cin. Hoyte van Hoytema
(m.) Sam Smith "Writing's On The Wall"

情報管理体制への批判と〈父 - 息子〉の羨望三角形

昔からの定型のガンバレル・シークエンスから始まる。つまり、この映画から、ボンドは歴代のボンドの位置にたつ。つまり、００として、MI6として、真っ向から真の「敵」と対峙するということです。

The dead are alive. と文字が流れ、巨大な骸骨人形、メキシコの死者の日の祭りの賑やかな光景へ。そこから、ビル倒壊にまでいたる激しいアクションになって、ヘリから落下した悪人の指からとった指輪に、タコのマーク。そのマークから、タイトル・シークエンスへ。

シークエンスとは、一連の枢軸となる機能体のまとまりです。

タイトル・シークエンスは、前作同様に、ボンドを配置して、物語の主要なイメージを置き、ボンドの心的深層を想像界配置しているだけでなく、ヴェスパーや亡き

Mの画像も出てきます。それは、ボンドになる過程のイメージで、深い暗闇を抱えつつも、気どってさまになるボンドになってきた世界への幕開けかつ決着づけの「物語り」です。

『スカイフォール』は母と息子の関係物語でしたが、これは父に対する「兄弟」関係の物語です。「他者の欲望」の欲望 desire ／羨望 envy の三角形の外化ですが、父殺しが絡む。

父から愛された息子＝養子、疎外された息子＝実子の二人の兄弟の闘いです。前者オーベルハウザーは、「父殺し」をなすことで自己成長の道を悪の遂行として成功させ、三角形の欲望である対象的ボンドを痛めつけてきた、ということが発覚していきます。逆に言えば、ボンドはそれをまったく意識してこなかった、つまり「兄弟愛」を喪失していたとなります。兄弟愛を抱え込んでいたのはオーベルハウザー＝スペクターの方だったのです。

『スカイフォール』でその記憶を甦らせましたが、郷愁に浸ることはない、むしろ育った家を崩壊させ、MI6に忠実な規制性において自由を行使する男になり、その任務を遂行仕切るのですが、亡きMからの指令にしたがってであり、新たなMには何もつげません。新たなM＝父に、「喜んで」従うと前作で進言しながら、実は、誰も信用していないのも、MI5のCの動きが不信であるからですが、擬似兄弟関係のシルヴァ（それはまたブロスナン・

ボンドの時の００６でもある）と違って、養子でありながらも一緒に育った兄弟間の闘いの方が、諜報機関任務よりも上位の支配的な心的位置になっているのです。

それは、もう、カント的次元での個的純粋理性の実際的な格闘ではありません。むしろヘーゲル的次元での、絶対精神たる国家を越えた次元での闘いになりますが、これをマルクス主義的な次元に貶めないことが、映画の質を娯楽へ引き出せるかどうかの試金石になります。この『スペクター』を作品として批判否定する評論家たちが自覚していないのが、自分の無意識のマルクス主義形式の思考です。ボンドを「時代が作り出した虚構、ポップなファシズムの第一唱導者」「愛国主義の道楽者」と批判している仕方です。

このスペクターは論理的順序になっていますから、いくぶん詳細に追いながら、過去3作の総括的な位置として読みといていきます。また、過去のボンド作品があちこちに盛りこまれていきます。一歩前進二歩後退のワザです。これを批評家たちは知ったかぶりで、マニアファンだけを喜ばすなどと非難するのです。チャップマンは、他の作品の内容を利用しあう「相互テクスト性」だと言いますが、前進しながら後退する事で、過去を拾い上げ前へと進むのです。時間化された物語構築です。

メキシコ「死者の日」の表象

華々しい、メキシコシティでの「死者の日」の祭り、マリアッチが鳴り響き、骸骨の様々な姿がパレードしています。わたしはメキシコに五年近くいましたので、この街中、家の中も骸骨だらけになる「愉しい」光景の経験をしていますが、このボンド映画はそれをさらに誇張して見事です。場所は、ソカロ（政庁や教会がある中央広場）とその近く（レフォルマ通り）です。まさに、「死者は生きている」ことの象徴です。

骸骨仮面で仮装したボンドはさりげなく、メキシコ女性「エストレイヤ」（＝星）をホテルへ連れ込みながら、愛を交わすことなく、窓から抜け出し、今までと違い、幾分首をふりながらの気どった歩き方の振る舞いで、屋根をつたって、向かい側のビルで「スタジアム爆破」を企む男たちの会話を遠隔盗聴で確認し、その後「ペイル・キング」の作戦があることをキャッチ。ボンドは銃撃しますが、男が持っていた爆弾が爆発し、ビルが倒壊します。この最初のシーンから、アクションはかならず、あるコミカルさを織り込んで、『スペクター』では展開されますから、「遊び」だと批評家たちに揶揄されることになりますが、スタッフたちは楽しみながら本気で作っているのが感じられます。

かろうじて逃げ延びた男は、ヘリを呼ぶ、ということは巨大組織であるということです。政庁と大カテドラルがある「ソカロ」の群衆と、その頭上での、ヘリの中へ一緒に飛びこんだボンドの闘い。ヘリがソカロ広場の上で空転すると民衆たちがワアーと叫びを上げますが、これは実際撮りと編集での合成。メキシコ人たちは、このロケを一つのエンターテイメントとして楽しんだと彼らから聴きました。1500人のエキストラに骸骨化粧・衣装の提供という実に大掛かりなロケ。わたしは、メキシコ留学を大学院時代にしていましたので、この場所がどういうものかよく知っていますので、懐かしく観れた。

その男＝スキアラ Marco Sciarra がヘリから落されるとき、指輪をボンドは抜きとります。そこには蛸のマークが記されていた。ボンド映画を知る者は、ここでもう「スペクター」であるのがわかりますが、映画内では謎として、後にQがその指輪の遺伝子調査から割りだし、新たなボンドガール＝マドレーヌから知らされることになる組織です。

メキシコシティを英国諜報員が破壊的活動でメチャクチャにしたことが新聞でも大きくとり上げられ、Mは前M同様に、即ボンドに休職命令を出しますが、そこに MI5 のマックス・デンビー Max Denbigh(Andrew Scott) が現れ、それをボンドは何か意味含ませて

「C」かと呼びます。center/capacity/combat/cuckoo/cult/crisis などなどいろんな意味が。

ボンドにスカイフォールでの遺品を手渡そうとしたマネーペニーに、ボンドは夜アパートに来てくれと清々しい顔でいいます。もう、休職にされようが、Cが何を企んでいようが、新Mが何を案じていようが、関係ないという自信たっぷりのボンド表出です。

マネーペニーがアパートを尋ねるとボンドは、死んだMが残したビデオを彼女に見せる。「スキアラを探し殺して、その葬儀に出ろ」というMの指令です。亡くなった日に届いた、「死んでも職務を遂行するMだ」とボンドは「尊敬」の念を示します。そしてマネーペニーだけを信頼していることを示した。MI6も信用できないボンド。

Mの遺品のブルドックの置物の脇で、彼女が持ってきた遺品の中から、12歳のボンドを養子として迎えたという書類と、父親を挟んで少年時代のボンドともう一人顔の部分が焼けて見えない三人が写った写真があった。ここで、映画上では、ボンドが養子で兄弟がいたことが初めて明かされたのですが、最初から連作を設定していないと、これはありないことです。原作とかつての作品への関連を持った上でのことですが。

この作品では、ほんの数秒、こうした写真やデータなどが一瞬で出てきますが、映像を止めて観ますとかなりのことがそこに記されていますので、分析、解釈したい人はじっくりと見ることです。

休職になったボンドに探知機がQによって腕に打たれますが、Mからボンドを監視するよう指令を受けたためです。これは、あちこちのドラマや映画で使われる手法になりますが、ボンド映画が最初ではないと思いますが、遊びで知りたい方は調べられてください。生命探知機がいずれ各人に埋め込まれる、MがCに語る「ジョージ・オーウェル」の世界です。「監視」世界の普及です、これについてはPART2で述べます。

Cの「現実感覚が転倒した」巧妙な企み

すでにメキシコ・シティで「ペール・キング」の作戦の動きを感知していたボンド。

Cは、MI6をMI5に統合解体して、00部署を無くし、新たな情報監視の世界体制を構成しようと企んでいます。9カ国の情報共有をなす「ナイン・アイズ」を東京国際会議で決定しようとしたのですが、南アの反対で、実現できない。

すると南アでテロを起こして、賛同せざるをえない状態を作る。メキシコのスタジアム爆破企画はその一貫で、ハンブルグとチュニジアのテロ事件は、そのためにおこされたもの。このCによる計画のもとでMへの圧力も高まっている。

埋め込まれた生体監視のマイクロチップの監視時間を一時切ってくれとQに内緒で頼みます。「24時間」…ボンドの顔を観ながら「48時間」、この装置はまだ動かないとQは、ボンドの頼みに協力。脇でタナーは、余計な介入・詮索をしないスタンスで常にいる。

そこに、009に用意した新たなアストンマーチンDB10と、前作でボロボロになったアストンマーチンDB5があった。ボンドは、Qにありがとうとメッセージを残し、新たな車を失敬して、「スキアラ」の葬儀に出席します。

祈るルチア・スキアラ夫人（モニカ・ベルッチ）Lucia Sciarra（Monica Bellucci）を見守るボンドとの間に、謎の人物が、チラッとわずかに後ろを見る、ボンドもそれをキャッチする。情報ですべてを知っている男と、直接の身体性で感知するボンドとの微妙な差異の表象が、そこにもう示唆されています。未亡人に生命保険者だと名乗って存在を示すボンド。

その晩、未亡人が撃ち殺される瞬間を救い、「ボンド」と名乗る、未亡人は夫を殺したのねと感知、ボンドは悲しみを装うルチアが夫を愛してなどいない、また命を狙われているのを知っている。彼女はスキアラの後継者を決める会合があるのをボンドに教えます。彼女と愛をかわし、CIA のフィリックス・ライターに保護してもらうことをつげる。

スペクターの不気味な登場

会議場に乗り込むボンド。警備人から誰だと問われ「ミッキーマウス」だと答えながら、蛸の指輪を見せて入る。しかし、すでに警備員たちはボンドがくるのを知っていて通した。

会場では世界から集まった者たちに、成果が報告され、感染病から様々な支配成果が示され、さらに WHO とも闘っていることが示威されます。

そこに顔が見えないまま、登場するナンバーワン。スキアラの後継に、黒人のヒンクス Mr. Hinx(Dave Bautista) の登場。後継を名乗るグエラをその場で叩き殺して、存在を示しますが、彼は前作のパトリスと同様、一切喋りません。

ナンバーワンは、「よく来たねジェームズ、久しぶりだね。やっと再会できた。」と顔を明るみに出します。ブロフェルド Ernst Stavro Blofeld (Christoph Waltz)／本名フランツ・オーベルハウザーです。そして意味ありげに「クックー」と言う*、その顔を観てボンドは誰

* カッコウが生き延びるために、巣から兄弟の卵を追い出し落とす。ボンドを蹴落とすフランツ=ブロフェルドです。

であるかを分かったはずですが、ボンドを捕獲にきた先の警護員たちと闘い、車で逃走、それを追うJaguar C-X75に乗るヒンクスとのカーチェイス。

このアクションでも、車の後部に装置された機関銃から弾が出なかったり、009好みの馬鹿馬鹿しい音楽が流れたり、しかし、火炎放射は効いて追跡者は炎上するも、行き詰まりの壁でエアで、外へ飛び出すなどコミカルさが入ってます。あとでQが言う、たった5億円だというアストンマーチンDB10はテヴェレ河に沈んでしまいます。

またカーチェイスの最中にマネーペニーに連絡して、フランツ・オーベルハウザーFranz Oberhauserの生前と死後のデータとを探ってくれと指示します。

マネーペニーが調べると、アルプスの雪崩で42歳の父親ハンズ・オーベルハウザーと16歳の少年フランツが死んだ、その少年の死体は見つかっていないという記事映像が出て、先の会議でのナンバーワンの若き日の顔写真。この画面を止めて観てください。左上に、MI6とMI5との資料であることが示されています。Cは、知っているということです。

ボンドは、彼が一緒に育った兄弟で、死んでいなかっただけでなく、父親を殺したことを感知する。父親から愛されたボンドへの嫉妬からです。エディプス・コンプレックスの典型。

また一連のハンブルグ、チュニジア、メキシコシティのテロ事件が、この組織によってなされているのを突き止めた。

さらに、クアンタムでホワイトが関与しており、4ヶ月前にオーストリアに何かがあったのをつきとめます。「ペイル・キング」とはミスター・ホワイト、その暗殺計画でした。

ミスター・ホワイトの死とその娘

オーストリア、アルタウゼーの雪の山奥の一軒家。そこには、ミスター・ホワイトが、携帯電話にタウリン毒を入れられ、青ざめた姿の死寸前で座っていた。彼は、女子どもまで平気で殺す（彼の妻が殺され娘が狙われていることや、無差別テロのこと）スペクターから離脱し、それを探っており、スペクターから命を狙われていた。

「死の使い」は見知った顔ではなくボンドか、とミスター・ホワイトは呟き、どこに彼はいるかと問い詰めるボンドに、すべての場所にいる、「座ってるデスクに、君の愛する人のキスに、家族の夕食の食卓に、どこにでもいる」、いかにその組織がすべてを覆っているか、ボンドに示唆し、娘を助けてくれと彼女の所在場所を教え、「アメリカン」を娘に尋ねろと言って銃で自殺してしまう。

悪であったミスター・ホワイトは、彼なりにスペクターと闘っていた。「白」の意味がここで判明します。ただの悪党ではない。それはまた、ボンドの宿敵ではありましたが、父存在をメタファー化してもいます。この場面は、すべてスペクターによって盗撮されていた。

ボンドは患者を装って、ホフラー診療所にホワイトの娘、マドレーヌ・スワン博士 Dr. Madeleine Swann(Léa Seydoux) に会いに行き、あなたを守ることを死んだホワイトに約束したと告げるのですが、彼女は拒否。

カウンターで擬似酒を不満そうに頼みながら、そこにQの登場。Mに内緒であるため、自分の身が MI6 で危うくなってしまうのでボンドに帰ってくれと懇願。ボンドは蛸の指輪をわたし調べてくれと依頼。

ヒンクスたちに連れ去られるマドレーヌの救出に、セスナで向かい、車と対峙する、カーチェイスならざるフライト・チェイス (?)。笑ってしまうアクションシーンです。

一方Qは、指輪からスペクターの存在を解読。全貌がここでつかまれます。

蛸から、スキアラ、シルヴァ、ル・シッフル、グリーン、そしてトップのフランツ・オー

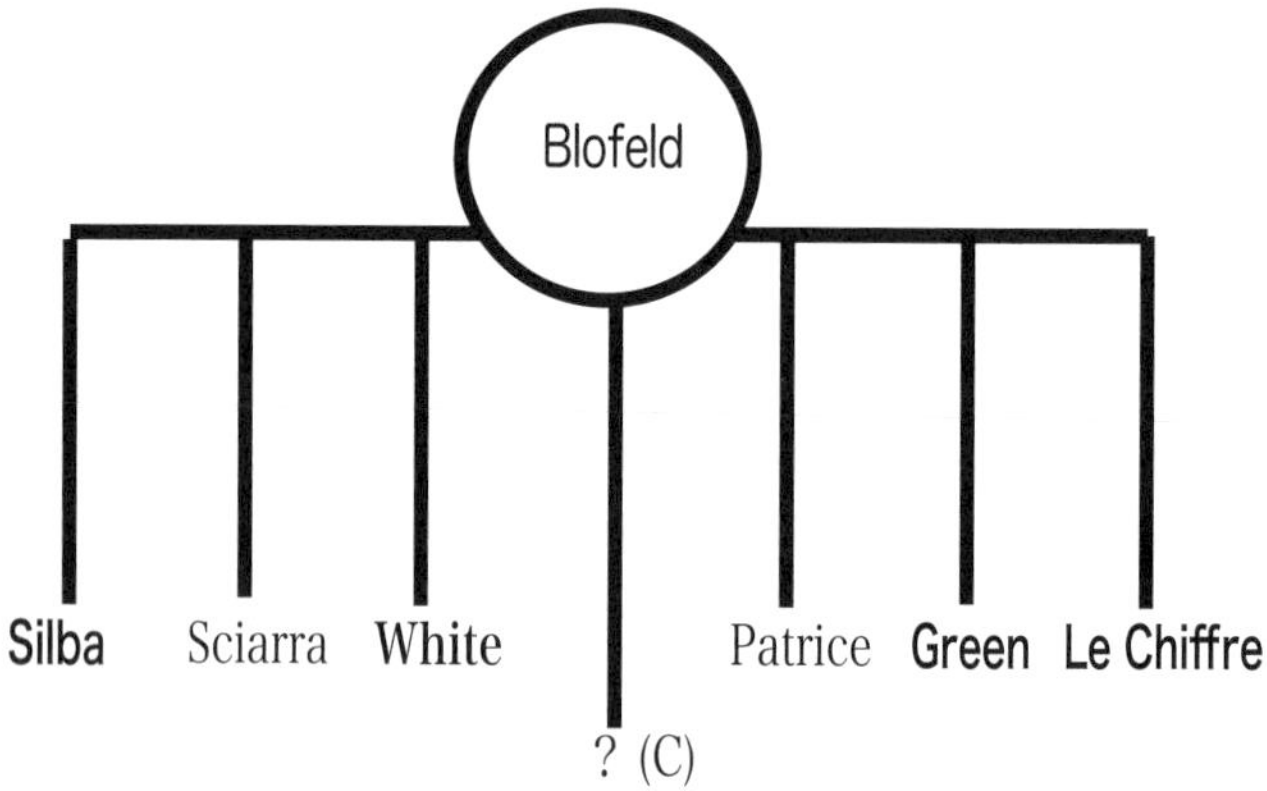

ベルハウザー、真ん中の脚が不明です。今までのクレイグ・ボンド作品の悪主人公たち。

この組織の名がわかるかと問うボンドに、Qはわからないと言うと、マドレーヌが「スペクター」だと教える。父がそのメンバーだったから知っていると。

そのとき、テレビで南アの爆破テロが報じられる。

ここで、はっきりとその組織存在が判明。

ボンドが正しかったと、Qはここから全面支援。ボンドも、Mに報告し、自分の探知機を作動させ、後を追ってくれとMI6による諜報活動となります。

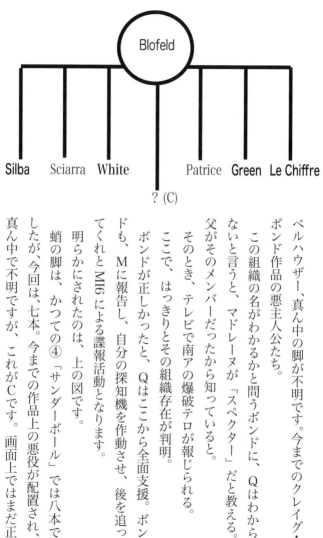

明らかにされたのは、上の図です。

蛸の脚は、かつての④「サンダーボール」では八本でしたが、今回は、七本。今までの作品上の悪役が配置され、真ん中で不明ですが、これがCです。画面上ではまだ正体は明かされていない。

モロッコのタンジール、「アメリカン」ホテル

ホワイトが新婚旅行で使っていたホテル、離婚後も毎年きていた。酔って、ボンドが二人見えると言うマドレーヌ、ボンドの二面性の指示。父の死で悲しんでいるからあなたに抱かれたいなどと思わないで、と、彼女は実にヴェスパーに似た態度をする。黙って、それを受け入れるボンド。部屋を探しているとネズミが出入りしている、そこを叩き割ると隠し部屋があった。ホワイトが調べた資料がたくさんある。ともに過去を探る二人。マドレーヌは、彼女の子供の時からの写真を。

そこに「ヴェスパーの尋問」のビデオをみつけ、しみじみと見つめるボンドに、「それは何?」と尋ねるマドレーヌに「nothing」と、軽く投げ捨てる。

そして、ホワイトが衛星で電話を追っていたことを見つけ、終わらせるのを自分に託したと知る。北アフリカの砂漠の中に、何かがある。

他方、ロンドンでは、Mを外して、Cによる「ナイン・アイズ」の計画が南アの賛成をとり可決、同時に00部署は閉鎖、Mは用なしと決まった。MはCへの対決を決断する。

Qはマネーペニーと一緒に、Mにボンドが北アフリカに向かい、ある基地に行こうとしていると報告。Mは、何もするな、Cがすべてを監視している、ボンドの生命チップのデータもすべて消せと指令する。ボンドを見捨てるのではなく、彼が切り開いてくれるのを信用しています。

列車の中での愛と闘い

北アフリカへ向かう列車で、三つのことがなされます。

まず、自分もどうなるかわからないので、マドレーヌに銃の使い方を教えようとすると、彼女は使い方を知っていた。父が暴漢に襲撃されたとき、隠されていた銃があった、それ以来銃は嫌いだと白します。つまり、言葉で言いませんが、少女時代に銃でその襲撃者を撃ったという暗示です。これは、第5作で、そのシーンが出てきます。

第二は、ボンドと食事し会話する。このシーンは、カジノロワイヤルでヴェスパーと交わした会話に似ていますが、ヴェスパーほど斜に構えていない。ヴェスパーは黒のドレスだったが、マドレーヌはオリーブ色のドレス。黙って、彼女の話を聞いているとき、ボンドがヴェスパーを思い起こしているのが、その表情でうかがえる。クレイグは、味のある演技を磨き上げています。

彼女はウオッカ・マティーニをダーティー（オリーブ入り）で頼む。そしてボンドに、なんで殺しの道を、裏でいき、追いかけ追われ、孤独な世界を選んだのか問い、他の選択の可能性がある、と語る。ボンドは、やめることかと問う、そのときもう、彼女と生きていこうと決意している。

第三に、そこに襲ってきた、ヒンクス。死んでいなかったことは、指がかすかに動いていたことで示唆されていましたが。

三人で格闘。マドレーヌは恐れることなく闘う力を持っている。ヒンクスは、落下するとき一言、「Shit!」。ここでも笑ってしまう要素をかならず入れこんだアクション。

マドレーヌは、銃の扱いも知っており、闘う勇気も持っている、博士でもあるスーパーな女性。ボンドは、ヴェスパーに代わる女性に出会えたのか？ それは第5作で明らかになります。

ブロフェルドとの出会いと危機一髪の闘い

列車から降りた二人。何もないポツンと駅舎だけが建っている。このシーンは、セルジオ・レオーネのマカロニ・ウェスタンを彷彿させます。これから、何かが始まるぞというサインでもある。

そこに一九四八年型のロールス・ロイスで迎えが来る。つまり、もうキャッチされているということです。

ボンドをホテル的に迎えるスペクター。まさに敵を歓待する「ホスピタリティ」です。①「ドクター・ノオ」以来、いくつかの作品でも出てくる定型。自分は攻撃しないぞという示しであり、ボンドも銀の盆を差し出され、銃をそこに預けます。

通された部屋の中には、ボンドとブロフェルドと父親の三人の、焼けていない元の写真。マドレーヌの部屋には、少女時代の彼女と父ミスター・ホワイトが一緒の写真。

ブロフェルドが案内し、ドアを開けると、世界中の情報映像がライブで届いている。まさに「情報工場」。チャップリンの「モダンタイムス」が彷彿とします。機械ではない最先端情報技術ですが、同様に、人間の奴隷的労働の形態になっている量産システムの光景です。現在世界をおちょくる批判センスは、007シリーズとして健在です。Mが00部署の閉鎖、「スパイが消えるのも時代の趨勢だ」とスタッフに告げている映像が流れますが、ボンドは動揺せず。

ブロフェルドは、これまですべて（1作目から3作目まで）自分が仕組んだことだと白します。そして、マドレーヌへ、この男はヴェスパーを本気で愛したのを知っているかとも。二人を引き裂くように。そして、ホワイトが自殺する映像を見せようとするのですが、その冷酷さをボンドは止めようとして、気絶させられ、脳をいじくる機械へ縛りつけられます。③「ゴールドフィンガー」では縛られレーザーで切り裂かれようとされた。

ブロフェルドは生い立ちを話し、父親を殺したこと、そしてエルンスト・ブロフェルドは母型の名前だと明かし、そしてしてやったり顔で「クックー」と。彼を象徴してきた白猫がボンドの膝の上に。ボンドに駆け寄るマドレーヌ、「愛している」とボンドへ、「君がいつでもわかる」とQがくれた時計を赤ランプにし、1分間だとマドレーヌに隠すように手渡す。その間、「時は矢の如し」だとラテン語でつぶやくボンド。

時計爆弾を使って、その危機を寸前で回避。この爆弾で、ブロフェルドの右目がなくなる。⑤「007は二度死ぬ」のドナルド・プレザンスが演じたスペクターのあの姿です。赤いランプがつく時計爆弾は、⑧「死ぬのは奴らだ」と類似。

　この施設をボンドは破壊。この爆破シーンは、最大級の爆薬を実際使ったものとしてギネス登録されたと話題になりました。


MとCとの闘い、そしてボンドとブロフェルドとの闘い

　ロンドンに戻った二人。MとQとタナー、そしてマネーペニーが迎える。0時に稼働するナイン・アイズを止めようとします。

　他方、マドレーヌは「あなたは変わらない」と別れを告げて去るも、スペクターに捕らえられる。ボンドとMが乗った車も襲撃されボンドも捕獲される、その間にMは脱出。Qたちの車に合流。

　Cがスペクターの一員であることを知って、Mは新本部に乗り込み、「世界はカオスだ、君ら官僚や政治家たちが無能の腰抜けだからだ、それを正す組織に協力した」「何が民主主義だ、それは救い難い低脳者morone（阿呆）だ」、だからMだというのかというC

と対峙し、弾を抜かれた銃でMを撃とうとするC。Cはcarelessのだと言い返すM、彼ともみ合っているうちにCはビルから落下。

他方ボンドは悪漢たちを倒し、マドレーヌを救出すべく、MI6の崩壊している元本部の建物に拘束されている彼女を探す、爆弾がはりめぐされた中に、ル・シッフル、シルヴァ、ヴェスパー、亡きM、ホワイトの写真が貼ってある。待っていたブロフェルドは、「お前が守る世界は無惨な廃墟と化す、つらい思いをさせたが兄弟だ、急所のツボは押せる」と時限爆弾のスイッチを押す。爆発すれすれでマドレーヌを救い出し、完全崩壊する旧本部の中をボートに乗って脱出、そして逃げるブロフェルドのヘリを撃ち落とす。ウェストミンスター橋にヘリは落下し、這い出すブロフェルドが「終わりにしろ」と言うのに、弾倉を外して弾切れだと撃ち殺さずMたちに逮捕させます。自分には他の仕事がある、とマドレーヌと一緒に歩き去っていく。ブロフェルドには〈対《つい》〉となる人がいない。

兄弟殺しの回避は、父殺しをした兄ブロフェルドとの兄弟絶縁を意味します。三角形の欲望を無理矢理設定してきたフランツ・オーベルハウザーとの絶縁による、欲望構造の解体です。フランツは父=超自我からの抑圧をなくし、自らブロフェルドとして擬似超自我を悪の熱狂的自由エゴにおいて確立し、現実界に悪の欲望支配世界を作っていた。

Mも、MI6を解体し世界情報支配を為そうとしたCの欲望体系を瓦解させました。

つまり、欲望構造を世界支配へ疎外させるスペクターの仕方を瓦解させたのです。

それが、スカッとした感覚を観衆へもたらすのですが、論理的には国家間均衡というヨーロッパ近代秩序の安定化です。この共同幻想均衡が、世界秩序の平和だという構図はキープされます。これを脱する映画は、多分想像界として制作不可能なのだと思います。

ボンドは、MI6を辞めて、一人黙々と仕事しているQを訪れ、前作でのボロボロから修復されたアストンマーチン*をもらい受け、マドレーヌと一緒に去っていきます。対幻想に落ち着いたということです。

これで、お終いにしておけばよかった。「スカイフォール」のような存在的な深みがなく、軽やかにアクションが進んでいく、ボンド痛快映画になって、スペクターとの兄弟葛藤にもスキームはあっても存在的深みはない。ジェンダーがないとそうなってしまう。

サム・メンデスの二つのボンド映画として観れば、そのバランスの良さにわたしは感服しますが。この二作が、究極的ボンド世界構築ではないでしょうか。

* 車のナンバーは「BMT 216A」。昔からのボンド車と同じナンバーです。大映しにされ、ビッグベンが見える方角へ去っていく。

「昔々、ボンドという人がいました」

2020年（上映2021年）

007

No Time to Die

ノータイム・トウ・ダイ

dir. Cary Joji Fukunaga
screenplay Neal Purvis, Robert Wade, C. J. Fukunaga, Phoebe Waller-Bridge
cast Daniel Craig, Rami Malek, Léa Seydoux, Lashana Lynch, Ben Whishaw, Naomie Harris, Jeffrey Wright, Christoph Waltz, Ralph Fiennes
cin. Linus Sandgren
(m.) Billie Eilish"No Time to Die"

バイオテクノロジー批判とボンド主義の終焉？

クレイグ最後の映画とされ、また濃密だったこれまでの4作の集約とあって、期待は大きくありました。

しかし・・・・

ガンバレル・シークエンスから始まりましたが、赤い血が流れない、これであれ？となります。

タイトル・シークエンスは、前作同様に、ボンドを配置してなのですが、ワクワク感がもうまったくない。

そして、マドレーヌの少女時代。

母親はアル中、父親が殺し屋だと娘に言う。母親がこぼした酒を懸命にふきとるけなげなマドレーヌ。

そこに能面を被った暴漢、母親を撃ち殺してしまう。

ベッドの下に隠れて怯える彼女、見つかり、そこにあった銃で能面の男を射殺。その死体を外へ引きずり出している途中、男は息を吹き返す。

逃げる彼女は、氷の下に落ちてしまう。撃たれて「割れた能面」の男は、マドレーヌを撃とうとしたが、救い出す。

家族をホワイトに殺されたから、殺しにきたと白す。これが今回の悪役主人公サフィン Lyutsifer Safin(Rami Malek)。

この記憶から、ザバッと海面から浮き出すマドレーヌ。ボンドと一緒に二人の愛を育んでいた。

ヴェスパーの墓にまいって*、永遠に忘れようとするボンド。巨大な墓に、異様感。1984-2006 と記され、ヴェスパーの写真像があった。わずか、22歳であった。ボンドは1968 年生まれですから、16歳違う。ボンドは、「スカイフォール」で44歳で復帰、今（2020年）で52歳です。クレイグ・ボンドとして潮時だというのも必然。

その傍らの枯れた花束の影にカードが、スペクターの絵が描いてある。それを手にした瞬間、墓が大爆発。この音には観衆もびっくり。

ここまではいい、ところがボンドは、マドレーヌの身を案じ、救出にいくも、裏切ったなと彼女を疑い責め、列車に載せてもう会わないと別離する。この早合点に、わたし

* ⑫ 1981 年で、ムーア・ボンドは、レーゼンビー・ボンド⑥で (1943-)1969 年に亡くなった妻テレサ Teresa Bond の素朴な墓に赤い薔薇の花をもってお参りする。Beloved Wife of James Bond. We have all the time in the World. と記されている。⑭の最初のスキー・アクションは⑥と同じになる、その布石であった？

はもう違和感を感じてこの映画を見始める。安っぽい演出、なんだこれはという疑惑だ。結論から言ってしまいます。007史上の最悪映画です。ひどい作品。

ボンドがくちゃくちゃと喋りすぎる。

お前は裏切りだとか、CIAのフィリックスは唯一の友達だとか、語れば言えばそれが表現だと、この監督は錯覚している。ボンドの愛情や友愛は、語られずともはっきり無表情の表情で示されていた、それがぐちゃぐちゃと喋る。もう監督は、ボンドをわかっていないということです。

アクションは、ただドンパチ・派手ならいいというそれだけで、無意味。それどころか、高層ビルを垂直に立って降りてくる、⑱でミシェル・ヨーがしましたが、「ミッション・インポッシブル」のパクリ。オートバイ・チェイスも、そのパクリ。もう相互テキスト性からの創造はない。森の中で、木にロープをかけて、走ってくるバイクをひっかけて落下させる、「スターウォーズ」のパクリ。オマージュでさえないただの真似。模倣しながらもボンド映画の固有さを描き出していた、その固有なアクションなどない。

007は黒人女性ノーミ Nomi(Lashana Lynch) へ付けられていて、ただの記号だからと、ボンドと二人でやりとりしている。浅薄な記号主義。冗談ではないでしょう、００７の意味性は、歴史的に構成されてしまっている。記号論も意味論も、何にもわかっていない無知蒙昧な監督の知性。

　ボンドを殺すためのチップが入れ替えられて、スペクター全員が一瞬で死んでしまう。なにこれ！　ボンドがてこずったスペクターをあっという間に全滅させる、それほどすごい存在だと示すつもりなのでしょうが、ただの浅薄極まりない〈nanobots〉のバイオの使い方。バイオテロはゲームじゃない、人間の尊厳様式を根本から変えているのがバイオ・テクノロジーです。想像的表出としてまったくバイオを超える物は微塵も見れない、つまり敗北映画です。バイオ開発を浅薄日和見のロシア科学者 Valdo Obruchev に作らせて、世界支配などふざけるな、としか言いようがない。しかもその開発は、Mがなしていた、それを盗まれたという安っぽい設定。この現実感覚のなさと無知は、北方領土の島に毒製造工場を作らせている、そこにMが日本やロシアとの外交関係を官僚的に気にしながら、止むを得ずミサイルを撃って破壊するという、政治関係構造それ自体への無知さにはっきり現れます。

ボンドには、マドレーヌとの間に娘Mathildeがいた、などの設定の市民社会的な仕方の凡庸さ。ボンドがお父ちゃんになってしまった。

また、Qが同性愛であることのほのめかしの粗雑さ。同性愛差別への批判になってない。

そして娘を救うために、ボンドに「土下座させる」という日系の、日本理解の固定した文化理解の無知と思い込み。「和風」がきいて呆れる、安っぽい妙な神棚や畳の設定、そしてサフィンが着ている作務衣風の貧相な衣装。

遺伝子感染してしまったから、愛する人にも娘にも触れられないゆえ、島に残り、飛んでくるミサイルに威風堂々的にたちすくんで死んでいくボンド。なんじゃこれです。対象それ自体を観れない、主観表現が心意表明事実だという、現代の浅薄知性の典型が、日系人のコンプレックス無意識丸出しの演出によって作られた映画でしかない。その日本コンプレックスの現れが、「割れた能面」であり、二世監督の心性そのものの表象でしかない。なんの意味も他にない。日本文化が崩壊していることの表象にも辿りついてない。

これは、007映画でも、ボンド映画でも、クレイグ映画でも、またあの「ボヘミアン・ラプソディ」で名演したラミ・マレックのひかる映画でもない。ただの、お金だけかけた駄作映画です。世界知性がおしなべて劣化しているとわたしは主唱していますが、ボンド映画もそうなってしまった。

ボンドに子どもを作らせ、その神話をマドレーヌに語らせる。この娘が、未来の007になるのではないか?! スーパーマンならざるスーパーガールが出現したように、女007。それは、本作で、前兆としてノーミ007として登場していました。*

ボンド一人が闘うのではない、皆で闘う協同集団主義になってしまった。最後に、M、Q、マネーペニーたちがボンドを追悼して献杯など、仲良しごっこ。いやはや・・・・。

男＝ボンド映画は、終焉したということでしょう。

ダニエル・クレイグの演技自体は遜色ないですが、配置がひどい。そして唯一、キューバでのパロマ Paloma (Ana de Armas) だけが、軽やか爽やかで生きている。マドレーヌは、ボンドにいじめられて追い出されたようになって、じっと耐えるかわいそうだという悲劇性に置かれる。なんとも後味の悪い映画です。世界の日本への無知さ⑯に出てくるソープランドもどきのひどさと類似）も出て、評価されているのではないか。日本が舞台だった滑稽であった⑤よりも浅薄。

* イーオンの007制作チームが『リズム・セクション』2019を作っています。家族を飛行機爆破でなくした女性が、元MI6の男から訓練を受けて、スパイ的な暗殺者に仕立て上げられる。女スパイ007でいけるかどうかの、試みであるかのように感じましたが。

ボンド映画の文法的パターン：物語公式

クレイグ・ボンドを概略見てきましたが、それを規準にしたいからです。

しかし、そこには当然ながら一作目から形成されてきたボンド映画のお決まりパターンと言える、「narrative formula」（物語公式）が配置されています。

まずは、

❶ガンバレル・シークエンス　００７のお決まりのテーマ曲が流れ、銃口から見た丸の中で、ボンドが歩いてきて銃を撃つ。円は左から出てきて、ボンドは右から出てくる。

❷タイトル・シークエンス　デザイン化された映像、作品のテーマ曲、そして主演者、スタッフの代表的なものの名。女性のヌード的シルエットと銃とが定番になっていく。女と銃です。

これが、アクションのうしろにきたり、間にイントロ的なアクションシーンが入ったりしますが、この公式は必ずある。

そして物語の展開です。

①悪の組織が陰謀を画策する。

②ボンドがMから調査を命じられる。（あるいは、独自に勝手に調査している。）

③ボンドは国外に飛び、味方と合流。海外の異国趣味の風景。
④ボンドを殺そうと様々な試みがなされる。
⑤悪の組織に仕える女性をボンドが誘惑。
⑥タキシードに着飾って、悪人がいるゲームやパーティに出席し、敵の様子を探る。
⑦主なるヒロインになると運命づけられた「ガール（ウーマン）」とボンドの出会い。
⑧味方が無残な死をとげる。また脇役ガールが無残に殺される。
⑨ボンドと主なるガールは悪たちに捕らえられて、その本部組織に連行される。
⑩ボンド（やガール／ウーマン）が拷問される。
⑪悪役はボンドに陰謀を打ち明ける。
⑫ボンドは陰謀を未然に防ぎ、悪者を殺し、ガールと逃げる。ボンドはひたすら前へいくのみ。

「昔話の構造」を、ボンド的に再構成しています。ナラティブ・フォーミュラの形成は、第1作「ドクター・ノオ」ですでに画定され、②③でほぼ出来上がっていました。

これに順序入れ替えや変形が加えられるだけです。

ボンド・ガールが悪役になったり、Mの指令を無視したり、自分から本部へ乗り込んだり、陰謀はすでにボンド自身がつかんでいたりなど。

とくに、クレイグ・ボンドは作品ごとに入念にして緻密な変容が構成されました。それが作品を深めたと言えますが、基本は変わりありません。観客は、日本の寅さん映画みたいに、その反復に期待しズレを楽しむのです。「反復と差異」です。ですから、「シリーズ化」が微妙な差異を創出し続けられるかぎり、長持ちする。

ここに、

X　ナラティブの展開編制
Y　ビジュアル・スタイル　特にセット・デザインと海外の場所
Z　人物のキャラクター配置

そして、

a　派手なアクションのバラエティ
m　音楽*、効果音
f　ファッション
g　ガジェット

が配置されます。これらすべてに、公式的基本があるのです。

クレイグ・ボンドは、007になる前の存在から007＝ボンドとなり、死んだり、やめたり、復帰したりし、25作で殉職的に死ぬまで、この定式を微妙に踏襲しながら、再編成していく

* Jon Burlingame, *The Music of James Bond* (Oxford Univ. Press, 2014)
一作目からスカイフォールまで、全ての曲に関する詳細な考証。

面白さにありました。しかも年々、深みと繊細さがましていく。

　浅薄な記号論者、ウンベルト・エーコ（彼は、わたしの研究所をパリで聞いてきたらしく突然訪れてきましたが、ほんとにただの二元論記号論者です。わたしはまったく評価しません）は、ボンド映画を次のようにパターン化しました。わかりやすくもっともらしいので、世界的に読まれたものです。

　ボンドがMから国家重要事項として任務を与えられる、敵がボンドに近づき現れる、殺そうとする。ボンドは敵を反対に調べ、チェックし、主要な物事に直面する前に着飾ってゲームに出る、ヒロイン役の女性がボンドの前に現れる、ボンドは誘惑するか誘惑の過程に入り始める。ボンドは悪者に捕らえられ拷問される、ボンドは逃れ、悪者を征服し、ヒロインを取り戻すが、後に彼女を失う、この一連の「動き moves」の連続、登場人物がおなじみの状況を繰り広げる、叙述の組み立てはどの作品も同じだ。順序に違いがあろうとも。そしてエーコは「play situatio」と呼ぶ、飛行機、列車、自動車の旅シークエンス、洗練された食事、車や列車中でのチェイスがあると指摘。そしてそこに対立の二元構造があり、①「ボンド／M」、②「ボンド／悪者」、③「悪者・女性、」④「女性／ボンド」、そしてイデオロギー対立としての⑤「自由世界／ソ連」、⑥「大英帝国／非アングロサクソン諸国」、そして価値観の対立として⑦「義務／犠牲」、⑧「cupidity／ideals」、⑨「愛／死」、⑩「チャンス／プランニング」⑪「贅沢 luxury／不愉快

discomfort」、⑫「過剰 exess ／中庸 moderation」、⑬ perversion ／無垢 innocence」、⑭「忠誠 loyalty ／背信行為（不忠）disloyalty」の十四項目です*。

シニフィエの対立形式の整理です。こういうのを記号論的知識主義と言います。間違ってはいませんが、大事なのは、わたしが叙述してきたように、公式の反復の上に「差異」のズレを見出すことです。同じ二元図式に還元したところで、わかったつもりになるだけで、何の意味もありません。

これは西部劇であれ、フィルム・ノワールであれ、同じ図式です。ボンド図式固有のものではないのです。西部劇は、連合軍・対・ナチスの戦いのメタファーであり、それと同じただの「善悪」「男女」の対比への還元でしかありません。「荒野の決闘」のワイアット・アープ保安官一家とクライトン一家の決闘は、連合軍対ナチスのメタファーですし、「アープ／クレメンタイン」、「ドク・ホリデー／チワワ」の男女対比、などなどです。記号論をシニフィエだけで設定すると、ただの馬鹿馬鹿馬鹿しい図式還元で終わります。

００７は、こうした西部劇的表象を受けつつも飛躍させています。それを掴むために、〈ナラティブ・フォーミュラ〉をチャップマンによりそって、わたしは設定したにすぎません。

アストンマーチンをしげしげと嬉しそうにみるボンド、そのくせ、それをカーチェイスでボロボロにしてしまうクレイグ・ボンド、ウオッカ・マティーニを気どって頼むボンド、ワルサー

* Umberto Eco, 'Narrative structures in Fleming', in Christoph Lindner(ed.), *The James Bond phenomenon* (Manchester Univ.Press, 2009), pp36-7

PPK 32口径を軽やかに装填し撃ちまくるボンド（第1作目で、ベレッタ25口径を使っていたのですが、それで失敗したためMからワルサーを使えと命令され、渋々と変えます）、子どもの遊びを大人が命をはってやっている、そのおもしろさでいいではありませんか。

わたしの解読は、おもしろさを深めるための考察で、つまらなさを証明する考察ではない。（第25作だけは、そのおもしろさから許容できないゆえ憤ってつまらなさを強調しているにすぎません。）

ガンバレル・シークエンス gun barrel sequence とタイトル・シークエンス

このボンドテーマ曲とともに流れる、円が左から出てきて、右から銃口の中から見た円の中にボンドが歩いてきて、立ち止まりこちらへ向けて銃を撃つと、上から赤い血が流れてくる、その銃口が上下左右に揺れて円が消えて、映像へ移る。

これをデザインしたのは、Maurice Binder（1918-1991）ですが、1991年に亡くなり、ブロスナン・ボンドの「ゴールデンアイ」ではDaniel Kleinman(1955-)が当たりました。ソ連の崩壊をシンボル的に描き出しています。テーマである悪ヤヌスを表す神の像、そしてレーニンやスターリンの像が倒され、明らかに共産主義のシンボルが解体される表徴です。社会主義を倒したのは政府でなく、ハイヒールを履いているビキニスタイルの女性がハンマーで壊す、インド共産党は侮辱だとボイコット運動を起こしたように、とても象徴的力をもったシークエンスです。

『慰めの報酬』は、集団デザイン事務所のMK12が当たりましたが、以後、他はすべてクレインマンが担当しています。物語の内容を織り込んだ映像が特徴です。

つまり、ビンダーとクレインマンが、固有に作り上げている、非常に凝ったシークエンスです。ビンダーはわずか２０分の制作者とのミーティングでこのアイデアを創造したと述べていますが、『ロシアから愛をこめて』『ゴールドフィンガー』のタイトル・シークセンスはRobert Brownjohnが制作、他は全てビンダーですが、ガンバレル・シークエンスは彼が亡くなる、『消されたライセンス』1989まで、すべてビンダーが作りました。

カメラ・アイのように見えますが、そうではなく、銃口を覗いたなら螺旋状の放射線が見えて、それをデザインしたということです。弾丸を回転させて命中率を高めるために彫られているものです。このシークエンスがボンド・テーマ曲とともに流れてきて、観客はボンド世界へ興奮気味に期待を膨らませて没入していきます。

クレインマンはタマホリ監督とともに、『ダイ・アナザー・デイ』の２０周年で、このボンドがいる穴から弾丸を発射させ、新たな映像へと転じました。なかなかの迫力です。

途中からコネリー自身がやるようになり、以降、ボンド役が皆やることになります。ブロスナンはもっとうまくやりたかったと述懐していますが、なかなか難しいようです。

「カジノロワイヤル」のシークエンスはすでに述べました。

次の『慰めの報酬』は、クレイグ自身が登場し、撃った弾丸が砂漠の上を飛んでいく。ボンドのシルエット。そして砂漠の砂の中から女性の裸体が出てくる。そして女性たちの乱舞。落下していくボンド。そこにワルサー銃。撃った弾丸が砂を円形に吹き飛ばします。女性の裸体、銃・弾丸が定番的になっていたことです。

『スカイフォール』は滝に落ちていくボンドからタイトル・シークエンスになって、水中の穴に吸い込まれていくボンド。女性の指がボンドを引きずりこんでいる。

ボンドを標的にしている的。

そして女性の大きなヌード。水中に垂直に落ちていくワルサー銃とナイフ。そこは墓場。

ボンドの青い眼が大きくアップし、そこを抜けると、ボンドを狙う男の姿が通り過ぎ、その穴からいろんな模様が動き骸骨になって、それを抜けると女性が銃をこちらに向けており、その銃口をさらにつき抜けていくと先のボンド標的があちこちで燃え上がっている。それが竜の姿になり、火を吹いて、女性たちの乱舞とワルサー銃との対称的映像。また、骸骨、墓場。そして多面鏡の中で迷うかのようなボンドの姿。その胸は血に染まっている。ガラスが割れ、最後、ボンドの青い眼が大映しになって、映像へ。かなり手が混んでいます。

主題歌の内容は、「これが終わり。息をとめ10数えよう。大地の鼓動を感じたら、私のハートは弾けるように甦る。というのもこれが終わり。溺れながらこの瞬間の夢を見た。あまりにも長い時間を負い、おし流されて自分を失っていた。空が落ちる、粉々に砕け散って、でも胸をはって共に困難に立ち向かおう。スカイフォール、それが私たちの出発点、遥か彼方の手の届かぬ世界で、世界がぶつかり合う暗黒の場所、名前と電話は教えるけど、このハートは渡さない。あなたと共に歩き同じものを見る、この世にある限り私に安心はない、あなたの優しい腕が守ってくれなければ、手と手をつないでしっかり大地に立とう」、ボンド世界そのものです。

ガンバレル・シークエンスは前作より強固でしっかりした銃口になっています。

『スペクター』は、もうガンバレル・シークエンスとボンドテーマの曲で始まります。その銃口部分はシンプルなデザインになっています。そしてメキシコの賑やかな死者の日の祭りにはいる。

その騒動の果て、悪人が落下する時に指から取った指輪にスペクターのタコの印がある、そこがアップされて、タイトルシーンになる。女性たちの乱舞に囲まれた裸のボンド。スペクターの印が、そのままタコに代わり、ボンドと女性がともに落下していく。手を合わせ、キスする二人。その女性の体をタコの足が巻いている。

そしてシルヴァの姿、死んでいくヴェスパーの姿、ル・シッフルの顔、Mの顔、巨大なタコの頭部が骸骨になり、ブロフェルドの顔を想起させる。そしてボンドの持つワルサー銃にタコの足が絡みつく。女性たちの間を弾丸の軌跡がとび、向かい合う二人はボンドとマドレーヌでしょう。そしてスペクターの会議が影で現れ、ブロフェルドがタコになっていきます。そして再びボンドの裸体。そこからスペクターの指輪になって、本編映像へ。

タイトル・シークエンスは、完璧なアートです。

ボンドの敵＝悪党は時代の表象

００７の悪役たちは、基本的に共感を覚える存在ではない。まさに〈嫌悪〉の対象である人物が多い。だが、幾人かは、どこか共感しえるものがあるのもまた事実です。

英国ないし西欧が、心底嫌悪する対象とはどんなものであるのかが、そこにこめられていますが、一種の自由主義国・対・社会主義国図式ですが、その単純な図式も変貌していきます。ボンドが真っ向から対立する明確な〈敵〉であり、かつ世界を征服するか破壊する悪です。ですが、どこか奇妙な存在で、なんとも掴みどころがないとも言えます。実体として荒唐無稽だからですが、その隠れた意味はなんでしょうか？

いわば、観る側の個々人に、内在する何かでもないし、他者としても身近などこかにいるような悪でもない。「異様な」のです。姿・存在は異様ですが、しかしなすことは実際的です、作品ごとにリアルになってくる。テクノロジーの先取りさえしています。そして何も語らず、不気味な力をはっきりする部下がいます。頭脳の悪と肉体の悪とがいる。

女性の死体を金粉で塗りたくったり、石油で塗りたくったり、何をしているのでしょう？

悪人の代表格が「スペクター」という組織とそこに属する人物・組織ですが、その首領ナンバーワンの「エルンスト・スタヴロ・ブロフェルドErnst Stavro Blofeld」が、『ロシアより愛をこめて』『サンダーボール作戦』『007は二度死ぬ』『女王陛下の007』『ダイヤモンドは永遠に』『ユア・アイズ・オンリー』、〔『ネバーセイ・ネバーアゲイン』〕、そして、クレイグの『スペクター』『ノー・タイム・トゥ・ダイ』と、二五作のうち八作（＋1）しか登場しないにもかかわらず、実は背後に隠れて常にあったという設定で、大きな位置をしめます。①から「スペクター」の名は出ています。フレミングの「スメルシュ」を映画は「スペクター」に変えていることで、ソ連・ロシアを超越している位置を意味させています。

「白猫を膝に載せた、顔の見えない悪の首領」という②での設定が基本でしたが、着ている服は中国の人民服でした。クレイグ・ボンド『スペクター』において三十四年ぶりに登場、もはや人民服は着ていない。そのボンドとの関係が、血の繋がりはないが兄弟として少年時に育ったと設定されたことは、何を物語るのでしょうか？

そして、他の作品の「悪」どもは、何をしているのか？　敵国ソ連、そして北朝鮮、潜在的にナチスという政治的な単純図式のメタファーを超えてはみ出してきているものはなんであるのか？　それは、〈民族国家‐産業社会経済〉世界から疎外創成されるものです。グローバルな組織ですが、活動場は国家内になります。単純な組織系統ではない。

善悪の対立を設定して、勧善懲悪にする、これは大衆娯楽の典型パターンですが、「悪は栄る」というリアル感覚を大衆はもっています。その悪を倒すことに、共鳴もしますが、どこかに悪が「自由奔放」であるかのような錯誤も抱かれます。

つまり、悪の存在は、「悪の神話」として無視できないリアルな現実界に不可避であるのです。一般論的にここを考えるのではなく、００７シリーズを素材に考えてみましょう。

先に存在は異様だが実際的であると言ったのは、制作側の意図に、現在社会への批判考察が作用しているからです。金粉は金至上主義への批判ですし、石油はエネルギー資源の石油至上主義への批判であり、さらに『スペクター』では情報管理至上主義の世界への批判が作用しています。そして、何より、自由主義の「民主主義」遂行における政治家や官僚の「アホさmorone」への批判です。これは大衆感覚に対応します。そして、露骨な暴力を伴っての経済利益行使は、極めて資本主義的本性であると言えます。

つまり、現在社会そのものが内在している愚かさや負の面を、悪が巧妙に活用しているということです。悪人たちはその代行者です。株、エコロジー、情報技術の穴です。

サフィンのスペクター一掃とバイオ・テロ

まずスペクターですが、これを考える前に、25作目の最新作で、サフィンがスペクターを全滅させせました。その映画的表現の仕方は稚拙で、あまりにあっけないつまらないものでしたが（バイオ・テロとして可能になりうる）、悪の巨大組織スペクターを一掃するというのは、どういうことでしょう？

制作側としては、版権争いで散々不快な思いをさせられてきた、その版権主が亡くなったことで権利を買いとり、㉔『スペクター』映画を直におもしろく作り、興行的にも成功。そこで、まさに復讐的に、㉕で全滅させせた。制作側の腹いせのようにも見えます。別の悪で儲けようということです。この仕方、とてもスペクター的です!?

スペクターを倒したのがサフィンですが、その動機は自分の家族をスペクターのメンバーであったミスター・ホワイトに皆殺しにされた。そのただ「復讐」ですが、その復讐の根源は殺された家族への「愛」です。それが、ホワイトの娘マドレーヌを殺さなかったことになりますが、サフィンはホワイト自身を殺せていない、失敗にあるままでした。アル中の妻ひとりを殺しただけです。ホワイトを殺そうとしたのは裏切られたスペクターであり、ホワイトは毒をもられ死期をさとり、自殺してしまいました。

主なる悪役

太字女性

ジュリアス・ノオ（Dr.Julius No）『ドクター・ノオ』
ローザ・クレッブ／レッド・グラント『ロシアより愛をこめて』
オーリック・ゴールドフィンガー／オッドジョブ『ゴールドフィンガー』
エミリオ・ラルゴ／**フィオナ・ヴォルペ**『サンダーボール作戦』
ブロフェルド／**ヘルガ・ブラント**『007は二度死ぬ』
ブロフェルド／**イルマ・ブント**『女王陛下の007』
ブロフェルド／ミスター・ウィント&キッド『ダイヤモンドは永遠に』
ミスター・ビッグ（ドクター・カナンガ）／サメディ男爵『死ぬのは奴らだ』
フランシスコ・スカラマンガ／ニック・ナック『黄金銃を持つ男』
カール・ストロンバーグ／ジョーズ『私を愛したスパイ』
サー・ヒューゴ・ドラックス／ジョーズ『ムーンレイカー』
アリスト・クリスタトス／エミール・ロック『ユア・アイズ・オンリー』
カマル・カーン／オルロフ将軍／**マグダ**『オクトパシー』
マックス・ゾーリン／カールモートナー博士／**メイ・デイ**『美しき獲物たち』
ゲオルギ・コスコフ／ブラッド・ウィテッカー『リビング・デイライツ』
フランツ・サンチェス／ミルトン・クレスト『消されたライセンス』
アレック・トラベルヤン／ウルモフ将軍／**オナトップ**『ゴールデンアイ』
エリオット・カーヴァー／スタンパー『トゥモロー・ネバー・ダイ』
レナード／**エレクトラ・キング**『ワールド・イズ・ノット・イナフ』
ムーン大佐＝グスタフ・グレーヴス／ザオ／**ミランダ**『ダイ・アナザー・デイ』
ル・シッフル『カジノ・ロワイヤル』
ドミニク・グリーン／メドラーノ将軍『慰めの報酬』
ラウール・シルヴァ／パトリス『スカイフォール』
ミスター・ホワイト『カジノロワイヤル』『慰めの報酬』『スペクター』
ブロフェルド／C／スキアラ／ミスター・ヒンクス『スペクター』
サフィン『ノー・タイム・トゥ・ダイ』

以前の作品の放射能や衛星を使ったテクノロジーによる支配は未来可能性において想定されうるものでしたが、クレイグ・ボンドでは個人がなしうる身近な実際的なものでもある。悪の存立基盤は、現在社会そのものにあるからですし、悪の表象は荒唐無稽なものではなく、現実的なものであるのです。単純化された悪党の底で屈折しているものがある。

㉕で、個人を殺すのではない、それを囲っていた組織全体を壊滅させる。この仕方、全体主義的な仕方です。そこに使った科学者は「ロシア人」、しかも日和見的な小人物。新たな007＝ノーミに蹴落とされて、自分が作った nanobot 畑の池で死んでしまいます。

スペクターを一掃して、サフィンは何をしようとしているのかというと、生命遺伝子感染で悪の家族をも殺してしまう。これが、組織自体からその遺伝子家族にまで及ぶという、第二の次元ですが、バイオナノ政治のおぞましい仕方で、もうファシズム的です。世界中の悪を殺すということです。なら、善人なのでしょうか？　悪を倒す更なる大きな悪です。悪でしか悪を倒せない。ボンドはスペクターを倒せていない。

このサフィンの組織は、スペクターのような多国籍企業で経済利益を拡大させるという「儲け」のためになっていません。経済利益を私物化しようとしている一味を一掃したのです。これは歴史上ではファシズムになります。しかも優生学的選民化です。しかし、ボンドに対しては、娘を人質にして、マドレーヌとの愛を引き裂こうとします。なぜなら、サフィンは、マドレーヌを大事な存在として、愛しているからです。自分の愛のために、他者を選民し、殺戮してしまうという、両親・家族を殺されたことからの屈折です。

わたしは、この新作の製作者たちに、非常に嫌悪を覚えるのも、愛を逆手にとる実に陰険な知性を発動させているからです。たかが物語とはいえ、それをエンターテイメント化し、比喩的に世界へ伝達している、その知性の腐敗です。つまり、無意識に、悪を一掃するなら何をしても構わないという貧困知性しかもっていないからです。悪は、人間存在の裏面で、ある意味非常に存在人間的であるのですから。

サフィンの顔はバイオ実験でか、異様に肌が犯されている。最初、能面を付けて現れたのは、それがホワイトによってのことなのか、自分のバイオ実験からなのか、わからないことですが、面が割れたとき、異様な肌でしたから、やけどか何か薬品でやられたということなのでしょう。それを、バイオへ重ねています。

つまり、身体をやけどや感染や薬品で侵すということで、心・精神も侵される。

わたしは、この新作映画に、もう００７ではない、とんでもない三流映画だ。その貧困知性がボンド映画の世界波及に便乗して、とんでもない無知性の正当化をはかっていることへの憎悪感であることが、自分へ向けてわかりました。

バイオ・テロへの反対表明になっていないのです。つまり、批判性の欠落です。

それは、文化理解の低次元さから不可避に起きています。「和風」映画だなどとんでもない、何の日本理解もない浅薄さです。今村昌平のファンだと監督は言っていますが、今村映画の情念の何も理解していない。ただ、ショット利用の上っ面です。

悪の本質

悪は三つの様態を有しています。ポール・リクール『悪の神話』（渓声社）を参考にしますと、「全体としての人類を範例的な歴史の中に包み込む」という「具体的普遍性」をなんらかの形で「人間一般・実存一般・人間存在一般」を指示しえていることです。第二に、それは動きをもって物語を通して人間の経験の中に、始まりと終わりを物語り、方向・速度・緊張を与える「時間的方位性」をもったもので、滅びと救いを表示します。第三に、人間の根本的現実（無罪で被造物としての本質存在）と人間の実際的様態（穢れたもの、罪人、有罪者としての人間）との間に不調和を起こし、幸福な良き状態と疎外のもとに生きている状態との対比において、本質存在から歴史的実存へと移行する「存在論的探究」を示すものです。

これをスペクター／ブロフェルドは、見事な悪として不気味な笑いと緊張をもって表象しているのです。悪の遂行になんのためらいもない熱狂的自由エゴです。

ゴジラやウルトラマンと戦った怪獣たちがだんだん愛嬌あるものとして人気を博して

いくように、オッドジョブ、ニック・ナック、そしてジョーズ（ボンドの味方にさえなっていきます）など、ともかく悪の多様なオンパレードの007シリーズです。とくにムーア・ボンド時代に多様な悪が展開していますが*、悪の意図にはリアルな存在根拠が歴史的にあります。クリストファー・ウォーケンが演じたマックス・ゾーリンは、ナチスの科学者によるステロイド実験で誕生した天才的科学者で、KGBエージェントからアメリカのIT企業社長となって、シリコンバレーを破壊し、マイクロチップの市場独占を図ろうとしている。ウォーケンらしい魅力的な笑顔は、ボンドをしのぐほどでした。ゴールドフィンガーは、いかにもナチスらしい表象（イスラエルではこの俳優が元ナチスであったことでボイコット運動）。ドクター・ノオは明らかに中国風。ドナルド・プレザンスに整形し、さらにチャールズ・グレイに整形して黄色人種から白人へと顔を変えますが、着ている服は同じ人民服。国家を超越した地球規模の巨悪とされますが、共産主義の変容メタファーでしかありません。政治的性格を背景に表象しながら、高度な技術開発をなして、世界的制覇を企む。Qが作る、ある意味おもちゃのような笑いを招く技術と違って、人類殺戮をなしてしまう恐るべき高度のテクノロジーを開発する、そういう能力・知性があるということで、これはある意味、巨大技術科学至上主義への批判をこめているともいえます。

* ドクター・カナンガ、ティーヒー、サメディ男爵、フランシスコ・スカラマンガ、カール・ストロンバーグ、ナオミ、ヒューゴ・ドラックス、チャン、アリスト・クリスタトス、エミール・ロック、カマル・カーン、ゴビンダ、マグダ、メイ・デイ、など。

スペクターとブロフェルド

SPECTRE (SPecial Executive for Counter-intelligence, Terrorism, Revenge and Extortion)、「反諜報・テロ・復讐・恐喝のための特別機関」たる、仰々しい異様な世界規模の犯罪組織。この設定は、ロシア＝スメルシュを超えて、とてもクリティカルな知性からなされています。

クレイグ・ボンドでは、ル・シッフルはテロ組織のマネーロンダリングで「儲け」ているだけの悪党でした。つまり、マネー世界の騙しの個人投資家。テロにまつわるマネーと武器商人たちの悪です。テロがどこかで略奪したマネーでしょう。

グリーンは、石油ではなく水資源を独占して儲けようとしている、いわば環境産業の騙し手口を明らかに表象したものでした。そのためにはクーデターも資本金で支援するという悪党です。環境を使って社会・国家を操作する悪党。彼は米国の無知さを批判します。

シルヴァは、なんで儲けているのかはっきりしませんが、MI6のシステムに入りこんだりMのコンピュータに進入したりする、多分、情報技術で「儲け」ていることが暗示されていますが、ただ母＝Mへの個人復讐にとりつかれた異常者でした。MI6の組織内部から疎外された悪です。無言のパトリスはただ暗殺射撃の傭兵殺し屋でしかない。

スキアラはスタジアム爆破を企みますが、テロ恐怖を世界へ与え、情報管理の世界支配を企むＣの征服戦略の下での一つの実行者でしかない。Ｃのグローバル支配の悪です。

　このように、クレイグボンドでは、悪のスケールが、個人、社会、世界とだんだん大きくなり、スペクターの全体像がはっきりしてきます。

　スペクターの会合で、成果報告を淡々としていますが、その内容は、サハラ以南の医薬マーケットにおいて抗マラリア・ワクチンでは７０％、HIVでは３４％、抗種瘍薬分野では４０％、を薬品支配している。しかし、WHOがわれわれの「偽医薬品」排除の運動をしている、その主唱者を暗殺目標にする。人身売買協議会と同様に、成功目前である。ついで、女性のフォゲル博士が、ドイツ語で、１６万人の移民女性を風俗職場に確保、世界の監視体制の主導権を握れば情報量は世界最大となる、より攻撃的に勢力拡大を図るべきだ、監視能力が上がれば各国の諜報機関の裏をかける、勝利はわれわれのものになる、と自信たっぷりに話す。*

　これは現代産業社会が遂行している物事における隙間を狙ったもので、産業社会経済そのものの負の本性です。現産業社会世界が悪の副産物そのものを産んでいるのです。

　そして当面の課題としてハンブルグとチュニジアのテロ計画は成功したがメキシコは妨害され失敗し、スキアラの死を招いた。「青い玉」計画で、アルタウゼーにいくか、と

* ④では no1 を前にして、二重スパイ藤田の恐喝計画 no.7、ソ連亡命した物理学者の暗殺による仏外務省の謝金 no10、英国列車強盗の顧問料 no5、米国での中国麻薬売り上げ no11（no9 が横領したため殺害）、NATO を恐喝し２億８千万ドルを手に入れる no2 という報告がなされています。

スペイン語で語るグエラに問うと、ヒンクスが出てきてその目を潰し叩き殺す。利益をなさねば仲間であろうとも殺す。熱狂的自由エゴを貫徹できなかったからです。

こういう組織であることがはっきり示されました。不気味な雰囲気の会議です。**アルタウゼーはミスター・ホワイトが潜伏している場所です。ミスター・ホワイトは、失敗したスペクター・メンバーを殺すかなり上位の幹部で、クアンタムの統括者でした。ともかく民間組織であり、国家の諜報機関にまで浸透して、裏をかこうとしていることです。わたしは、多国籍企業のメタファーとして理解します。政府を利用したり、従属したり、時にはクーデターまで起こして支配さえする。国際会議も支配。身内にも恐怖支配。

そしてその正統論理は、Cが「ナイン・アイズ」について語ったように、テロを防ぐため、平和秩序を安定させるため、と自分がなしていることと反対のロジックをもって支配確立しようとすることです。これは、暗に、現在のGAFA支配を批判しています。ただ実際の反対者がいたなら、殺す、地位を奪う、などでつぶしていく暴力性をもっていますが、暴力性が表立つか隠れているかの違いです。ホームズの宿敵モリアーティを演じたアンドリュー・スコットが、ボンド映画ではMやボンドをMI6から追い出すCになっています。物語は出演者でも相互変容を起こします。Cが登場した瞬間にこいつは悪人に違いない、

** スペクターのメンバーの整理は、英語版の https://en.wikipedia.org/wiki/SPECTRE に実に詳細にされています。ボディ・ガード、運転手からすべて記載されています。

とすぐ感じさせる、こういう娯楽性がボンド映画には多々ありますが、映画通なら盗みだらけを指摘できるのではないでしょうか。

実際の活動は、既存の政府や組織機構、テロ組織と同じ仕方です。つまり、共同幻想は同位置です。麻薬、売春、マネーロンダリング、環境事業、情報技術産業、そしてテロ活動。これが今の、現在的な悪の巣窟で、そこに放射能ではなくバイオ危機の可能性が絡んできた。それでは歴史的にどうだったのか、概略見ていきます。

黄色人種という悪役

ソ連、ロシアが悪であるという政治的設定のもっと根元では、非アングロサクソンとして、『ドクター・ノオ』から黄色人種が悪であるという系譜があり、『ゴールドフィンガー』はナチス残党の匂いを残し、手下のオッド・ジョブは黄色人種です。⑧『死ぬのは奴ら』では黒人を悪役にし、⑨『黄金銃を持つ男』のニック・ナックは中国系、『美しき獲物たち』でゾーリンの用心棒は黒人女性です。白人の悪もいますが、イギリス人は悪人にならなかった、人種的、身体的な差別表象が歴然。非白人、同性愛者が悪をなす設定です*。民族ではなく、人種です。どんなに平等を装っても無意識の人種主義が白人主義にはある。

* ⑦の暗殺者ミスター・ウィントとキッド Mr. Wint and Mr. Kidd は、明らかに同性愛カップルで、ウィントは女性香水を使い（襲われたボンドは変な匂いが自分についていると表明）、キッドが女性に関心を示すと嫉妬表情します。

ボンドはスコットランドで生まれ育っている。イギリスとスコットランドの民族対立は表立って表象されませんが、ボンドの心的屈折にはなっていると見てよいでしょう。⑤『007は二度死ぬ』で、日本が舞台になり、ボンドが日本人へ整形するというのは、この黄色人種差別を和らげようとしたと思われますが陳腐、⑳で北朝鮮に戻る。

しかし、悪人は多彩な性格を有し、ボンドたちよりも人間臭いゆえ、人気を博していく。でも、首領格の悪に共感があまり寄せられないと思うのですが・・・。悪の実存的存在への共感と反感でしょうか。しかも、悪は「ミスター・ボンド」と敬称をつけるのに、ボンドは彼らを呼び捨てです（クレイグはですから時に敵を嫌みたらしく「ミスター〜」とよぶ）。放射能、核爆弾、麻薬、金、ダイヤモンドと犯罪の可能性は時代の中のぬけ穴で、破壊と富への執着が荒唐無稽さをリアルな雰囲気で表象していきますが、人種という生物的規定性への心的差別の克服は、白人へ整形しようが不可能です。核均衡を真面目に論じる政治家や識者の「呆けた」知性の彼方に、ボンド映画はあります。①から既に東西対立を批判。

ブロスナン・ボンドからの悪設定の変容：『ゴールデンアイ』

制作者アルバート・R・ブロッコリから娘のバーバラ・ブロッコリに代わり、ダルトン・

ボンドから6年の空白、その間、制作状態も世界情勢も大きく変化しました。
悪＝敵の設定が、メタファー的な想像物ではなく、かなりリアルな設定に近くなってきます。どこだか、誰だかさえ感知されるようになる。*

⑰『ゴールデンアイ』で、ソ連崩壊以後の世界情勢になります。つまり冷戦構造の二元対立がなくなる。この作品でボンドは、政府が変わっても「嘘をつくのは同じだな」と言いますが、ロシアが背後にある構造として維持されています。

ソ連崩壊前後の設定です。アルカジー・グリゴリエヴィッチ・ウルモフが、宇宙局の少佐で、一九九一年ソ連崩壊後、ロシア連邦軍の将軍となりロシア連邦宇宙局長官を兼ねていますが、実際は犯罪組織「ヤヌス」のためにソ連時代に開発された衛星兵器ゴールデンアイの操作を盗むべく、まずその攻撃を回避できる「タイガー攻撃ヘリ」を盗み、それに乗ってゴールデンアイの管制室があるセヴェルナヤの秘密施設を抜き打ちの訓練と称して、ゴールデンアイのロックを解除させ職員を皆殺しにし、ゴールデンアイを起動し、セヴェルナヤの施設を完全に破壊します。

よく見ますとこのオルモフの配置は非常に手がこんでいて、軍服の左胸にはソ連邦英雄金星章と複数の略綬、右胸には軍事大学卒業生記章がついており、アルコール濃度の

* Jeremy Black, *The Politics of James Bond* (Univ. of Nebraska Press, 2005)
コネリーからブロスナンの政治背景を考察。

高い蒸留酒を入れる携帯用の小型水筒「スキットル」を携帯し、カーチェイスのシーンでは何度もこれで酒を飲んでいる。官給品のマカロフ拳銃で武装とディテールが凝っています。ソ連八月クーデターに関与、アフガン侵攻には戦車兵として従軍、それが直撃弾を受け炎上、彼を含む二人を除き乗員全員が焼け死ぬ経験以来、ウルモフは戦車そのものに恐怖感を抱き、今でも戦車兵らの最期を夢に見る、と原作にあります。映画でボンドが戦車を乗っとり彼を追跡している時の、車から振り返っての彼の恐怖に満ちた顔が一瞬流れるのは、それを示しています。サンクトペテルブルクでのデミトリ・ミシュキン国防大臣との会議に出席し、セヴェルナヤでの爆破出来事についてシベリアの分離独立派によるテロ攻撃であったと主張しますが、大臣はそれが虚であるのを知っています。ロシアを使っている悪「ヤヌス」＝００６です。

ともかく、悪設定が乱暴ではなく、とても時代背景情勢を克明に表示することになった。いかにも実在するかのような悪人の表象の設定になりました。ボンドにやられるときは、まだあっけないですが。

こうしたリアルさは、タイトル・シークエンスにおいてハイヒールを吐いた半裸の女性がハンマーで鎌を壊すというソ連の旗のシンボルを破壊するため、インド共産党から不観運動が起こった、と制作者ウイルソンの解説がDVDに入っています。

MI6を裏切る006：『スカイフォール』の悪シルヴァへの序奏

「ヤヌス」はかつてのボンドの同僚006アレック・トレヴェルヤンAlec Trevelyan(Sean Bean)で、二重スパイです。両親はリエンツ・コサックで、旧ソ連の共産体制で迫害を受けていたため他のコサックたちと同じように第二次世界大戦ではナチス・ドイツに協力。ナチスの敗戦後はイギリスに亡命しようとしたが、イギリスがソ連に対してコサックたちを引き渡したため大勢のコサックが処刑され、生き残りながらそれを恥じた両親が自殺を選ぶ。以来イギリスに恨みを持ちながら、MI6でソ連の二重スパイとして長年生き抜いていた、という設定です。これもコサックと世界情勢との関係を背景に置いていますから、ボンドはウルモフにその素性を暴露し、一瞬のとまどいを利用し、彼らへ反撃します。MI6のためイギリス人のようでいたが、実際はコサックと、悪役はやはり非イギリス人。MI6内に忍びこんでいる悪、そして㉓でMI6自体が生み出す悪＝シルヴァとなります。つまり、MI6が弱体だということ。

一九八六年ボンドとアーカンゲルの化学工場に潜入した際、大佐ウルモフに捕らえられボンドの目の前で射殺されましたが、実は偽装で、計画では6分と設定されていたのがボンドによって3分に変えられていた（これは列車爆破でアレックがボンドに6分あると言う、それをボンドは3分のことだと気づく）工場爆破に巻き込まれて顔に傷を負うも生き残り、ヤヌスのボスとなっていた。六年後、宇宙局内でオルモフたちを誘導していたコンピュータ技師ボリスを使って、イングランド銀行に不正アクセスし大金を外部に送金した後、ゼニア・オナトップとウルモフに強奪させたゴールデンアイを使ってその記録を隠蔽し、イギリス経済に大打撃をもたらすことを目論んでいた。

オルモフ、アレックとともにあるゼニア・ザラゲブナ・オナトップについてはボンド・ガールの章で述べますが、ボンドを苦しめる格闘を対等的にします。この悪の女性像もコネリーの漫画的なものからリアルな悪女性へと大きく変わります。

悪＝多国籍企業　資本主義の本性

⑱『トゥモロー・ネバー・ダイ』で、エリオット・カーヴァー Elliot Carver (Jonathan Pryce) は、イギリスの新聞「トゥモロー」をはじめ、放送事業・雑誌など広いメディア事業を展開する「カーヴァー・メディア・インターナショナル」の総帥を務めるメディア王、とい

う企業家です。中国のチャン将軍と組んでステルス艦を建造し、グプタ Henry Gupta に命じて GPS 暗号機でデヴォンシャーを中国の領海におびき寄せ、ステルス艦によってデヴォンシャーと領海侵犯を警告する中国空軍のミグ戦闘機の双方を攻撃。更に自らのメディアを使って情報操作を行うことでイギリス・中国間に戦争（第三次世界大戦）を起こさせ、戦後の中国における放送権を獲得することを目論む悪です。

実際のメディア王、ロバート・マクスウェルやルパート・マードック（20世紀フォックスやタイムズを買収）をモデルにしているとも言われ *、多国籍企業が悪として配備されました。二人は、チェコ出身、オーストラリア出身で、イギリス人ではない。（ちなみに、㉓の金髪のシルヴァはウィキリークス創始者のジュリアン・アサンジの表象ではないかとも言われています。）

しかしながら、ここで、表象としてはイギリス人が悪人に設定されます。

「東京の毒ガステロ事件により指名手配されている」日本の有名カルト教団の幹部、日本人の武器バイヤー「サトシ・イサグラ」がちらっと出てきます。サリン事件です。舞台は、南シナ海の中華人民共和国の沿岸の「公海上」での軍事状況で、今を先取りしているような設定です。イギリスとロシアが共同しています。

⑲は石油パイプラインの利権。⑳『ダイ・アナザー・デイ』は、北朝鮮が舞台になり、

* チャップマンはランドルフ・ハーストと見なすべきだ、「カメラは写真を撮れ、戦争は私が起こす」と言うカーヴァーのセリフが、ハーストそのものだからだと。『市民ケーン』のモデルになった人物です。

それが中華人民共和国やキューバと関わります。残存する社会主義諸国です
　将軍の息子ムーン大佐は、ダイアモンドと交換に武器輸出をしており、ボンドに邪魔され谷底に落下、死亡を偽装しキューバでDNA転換の整形手術を行い、ダイアモンド企業王グスタフ・グレーブスGustav Graves(Toby Stephens)に姿を変え、宇宙衛星イカロスを使って非武装地帯を壊滅させ韓国を征服しようとする。ブロフェルドのように黄色から白人への整形。彼に協力するザオTang Ling Zao(Rick Yune)はボンドが仕掛けたダイヤモンドのアタッシュケースが爆発して顔にダイヤモンドが刺さったままの強烈な異様な顔。
　北朝鮮は実際にこの作品に対して「わが共和国を『悪の枢軸』として描写し、南北対決を扇動しているだけでなく、わが民族を途方もなく蔑視、侮辱している」と公式抗議声明を発表し、アメリカ合衆国を「悪の帝国で、変態と堕落、暴力と色情の末世的退廃文化を広げる総本山」と非難したよう、政治的反応が出たのもリアルさがあるゆえの証しと言えます。韓国でも、仏教寺院における「ベッドシーン」が問題視され不観運動が起った。ボンド映画は、現実世界を受けただけでなく、現実世界への影響を、ファッションやスタイルのみならず政治的、外交的な影響をも及ぼすようになった。日本でのテレビ放映では、「北朝鮮」という言葉はカットされる、自主検閲さえおきました。

社会的趨勢を受けてボンドガール＝ジンクスが黒人となったのも大きな変化です。白人と黒人が共同して悪＝黄色人種（北朝鮮）と闘うという構図になりました。中華人民共和国はボンド側に協力しますが。白人ミランダは二重（三重）スパイです。

またQはモンティ・パイソンのジョン・クリーズに前作でRとして入れ替わり、この作でQになりました。どうしても、モンティ・パイソンが強烈で、彼が出るだけで笑ってしまう。最後の方で、マネーペニーは仮想現実でボンドとのラブシーンを観るのですが、Qが作ったそのリアルさに興奮して我にかえる、お笑いシーンになります。

冷戦後でありながら、自由主義国・対・社会主義国という対立図式は、そのまま設定されています。悪は、そこを舞台に西側に脅威を与えるということに変わりはないですが、悪の場所と情況の詳細な設定は非常にリアル感を増してきたことで、007シリーズはブロスナン・ボンドにおいて息を吹き返しました。ムーア・ボンドのお遊びは終わったということです。

そして、ボンド映画が受けたきたさまざまな社会的、人種的な批判を克服していく作品群になったということです。そして、性的問題、民族的な問題が、さらに指摘されていきます。ボンドがタバコを吸ったということで、禁煙団体からの抗議も出た。タバコもボンドは吸えなくなっていく（映画総体への喫煙抗議ではありますが）。

殺人がいずれ抗議されてアクションものがつくれなくなるだろう、というのもあながち冗談ではなくなるのかもしれない「清潔主義」の世界社会情勢が、全体主義的に忍び寄っているとわたしは感じます。映画内でもボンドによる殺人を批判する言動が何度か出てきます。

しかし、なぜ、殺人がなされるものを、娯楽として私たちは観ているのかという問題は、深刻ではあります。罪深い悪だから殺して当然という感覚は、罪なき人にも拡大される。

つまり007シリーズにおいては、「悪」「悪人」「悪業」とは、個人実在ではなく、〈時代背景〉そのものであるということです。ここを勘違いしないことです。時代変化とともに悪も変化する。そして、悪人がはっきり描かれるということは、時代がはっきりと読まれていることを意味します。

さらに大事なことですが、それは観客自身の身の回りまたはこの世界にいそうだということ、そして、確実に「自分ではない」と確証をもてる存在です。

仮想敵国から仮想ビジネス企業となってきていますが、かつて強調されていた大英帝国主義の像は薄れて、ただ虚勢のように表現されていますし、ヨーロッパの均衡秩序も揺れて、敵もどこにいるか判然としなくなっています。㉕でのCIAの気心しれたフィリックスの死は、MI6とCIAの競争や協働の崩壊の象徴的な兆しでしょうか。

悪による殺戮と正義の殺人＝殺しのライセンスによる悪施設爆破

悪は倒される。しかし、巨悪は生き残る。

ボンド映画の最終結末は、悪の施設の爆破です。地球的破壊を防ぐべく、悪施設を破壊。まず、イントロでのアクションは、化学兵器工場とかテロの阻止とかで、その施設が爆破され、関係する本筋で、悪の施設が発見されボンドによって破壊されることが大きなエンディングになっています。「ゴールドフィンガー」のような放射能汚染爆弾を爆発寸前を止めるということですまなくなっていった。それは、人類破壊の装置が人的操作をこえて技術的に巨大化していったためですが、施設爆破や崩壊シーンがエンターテイメント要素になっているボンド映画です。豪奢なセットを作って爆破。蕩尽的です。

⑰『ゴールデンアイ』での巨大パラボラアンテナでの格闘は見ものでしたが、ブロスナン・ボンドでは、さらに、

・巡航ミサイルとステルス艦の爆破⑱

・原子力潜水艦の沈没⑲

・宇宙船イカロスとその製造拠点の爆破⑳

となりました。ブロスナンは⑲で、非情な殺し方をし、コネリーに戻ったとされました。

クレイグ・ボンドでは、
㉑では、ミスターホワイトの脚が撃たれるで終わりましたが、
㉒では砂漠の中の大きなホテルが破壊され
㉓では、ボンド生家の破壊
㉔では、スペクターの情報監視施設が爆破（ギネス記録上の最大の爆薬量）とエスカレートしていき、㉕では毒製造施設がイギリス側からのいっせいミサイル攻撃によって爆破される。このミサイル攻撃は、現実的に想定される北朝鮮からのミサイル攻撃の反転で、西側からのメタファー的誇示とも言えます。

ともかく悪の拠点は、徹底破壊される。しかし、悪自体は滅んでいません。逆に、MI6の本部も爆破されました（⑲㉓㉔）。正義だけが、爆破するではすまなくなったのです。テロ世界情況の反映だと言えます。悪の側からの破壊です。

話は全然違いますが、聖なる不可侵の場所であったホワイト・ハウスのへの攻撃・占拠が、『エンド・オブ・ホワイトハウス』でなされ、ついには、ドナルド・サザラン主演のテレビ・ドラマ『サバイバー』では、米国国会議事堂が爆破され、大統領から国会議員全員が爆死という設定から物語が始まります。9・11以降のテロ攻撃のリアルさは、想像世界では、起きえないとは言えない設定として想像表出されてきました。このテレビ・ドラマはそこから、正しい大統領

政治が始まるとなり、悪しきものは一掃されないと真の正義にはならないという想定でしょうが、状況が究極的崩壊をイメージせざるをえなくなったということです。ゴジラは新たな建造物をことごとく破壊していきましたが、初代ゴジラは皇居を迂回しました。

㉕ではあまりにあっけなく、ボンドたちが倒せなかったスペクターたちが、一瞬で全員殺害され一掃されますが、もっと大きな巨悪作用が制覇したということです。その悪施設はもはやボンドが爆破して済ませるものではなく、多数のミサイル攻撃でしか破壊できないとなってしまった。ボンドは、「発射しろ」というだけの無力です。

犯罪がなくならない、殺人が常に起きる、人間は本質的に「悪」なしには存在しないという問題と、正義は悪と闘うがそれを撲滅できないという問題が、「物語性」の大きな基盤となっています。ボンド映画は、それを娯楽として世界表出したといえます。

００に「殺しのライセンス」を与え、ボンドは悪を当然のようにしかも冷酷に殺害します。悪にたいしては、その悪行ゆえ何をしてもいいのだというあるイデオロギー性が一貫しています。しかも代行者はイギリス情報局、MI6です。Mは情報提供可能な悪人は殺すなと功利的ですが、ボンドは躊躇なく殺す。しかし、KGBや北朝鮮による殺害は悪です。そして、CIAは、自らではなにもしない傍観として配置されます。危険を負い解決するのはイギリスだ、ということですが、それは同時に殺人という本質悪を負うということでもあります。（ボンド役をオファーされたイーストウッドはイギリス人がやることと拒否。）綺麗事にはなっていないゆえ、物語性に深みが出る。その上での、悪打倒の爽快感です。

ロールズの正義論などの無意味さを、ボンド映画は表現しているといったなら叱正されるでしょうか？　ボンド映画が哲学課題を解決しているとは言いませんが、現実世界の悪や悪行が知的言説によって解を与えられえない、ということだけは確かなような気がします。それは、ボンドがMからの指令を無視して核爆発やテロ爆破などを回避する行動として表示されます。エンターテイメントというのは、哲学言説で表現されない次元を描き出す、そこに「物語性」の本質問題があると思いますが、これは別考察を要します。

悪をはっきり示せない、詳細に描きえないということは、時代や世界を把握できていない、人間本性を把握できていない、「正しさ」の暴力に無知であることを意味します。のっぺらぼうの正しさや正義は、巨悪に等しい規範抑圧を招きます。

そこに、「殺しのライセンス」がボンドに与えられている根拠です。クレイグ・ボンドは悪を撃ち殺さなくなった、ヴェスパーを罠にはめた彼氏そしてスペクターも最後に殺さなかった。シルヴァは自分で殺しましたが、ル・シッフルもグリーンも殺したのはスペクターです。「殺しのライセンス」への自己抑制、これは、ボンドの成熟と言えるのでしょうか？

そして、最後にクレイグ・ボンドは、自分で感染してしまう。生きていけなくなる・・

そこで終わった・・・安っぽい結末ですが、問題は残されたままです。

常に悪と闘いますが、悪そのものを征伐仕切れなかったボンドなのです。

多様な悪の作品ごとの表象を受けて、クレイグ・ボンドでは、ボンドの成長とともに闘う悪の存在が拡大していきます。同時に内部に侵入してきている悪です。それは世界情勢の現実的変化です。実際の想像界的表象の表出であり、その物語化です。

この情勢とは、国家化された共同幻想間の闘いから、共同幻想の国家化を超える共同幻想世界の疎外表象に移行しています。物流から情報流支配の現実地盤であり、宇宙衛星からの攻撃の危険性であり、見えないバイオテクノロジーによる浸食です。

それに一人で闘っていたボンドですが、『スペクター』以後は、仲間と協働で戦わざるをえなくなっています。悪が巨大化、巧妙化しているからです。*

そして、ボンドがなすことはヨーロッパ国家間の均衡です。その枠からは出ません。既存の国家資本／産業社会経済は、そのままです。

中東情勢の複雑さは、回避している。

* Christopf Lindner(ed.), *The James Bond phenomenon* (Manchester Univ.Press, 2009)
多方面から現象分析した考察。

主なる悪人組織

SMERSH – SMiERt SHpionam, "Death to Spies", 小説における Bond の original nemesis 。1954 年の TV film で実際にでたのみ。 1967 film Casino Royale でふれられる。 ソ連の暗殺機関。
SPECTRE – SPecial Executive for Counter-intelligence, Terrorism, Revenge and Extortion, 小説 Thunderball で登場。映画では SMERSH を置き換えたもの。Ernst Stavro Blofeld を首領とする独立したテロ組織。 2015 film, Spectre。
The Spangled Mob – ボンドの敵。 Diamonds Are Forever の小説。Goldfinger、The Man with the Golden Gun. The mob はラスベガスのアメリカン・マフィア・ファミリー。
Drax Metals – Hugo Drax の金属企業。Moonraker, では "Drax Industries" としてスペース・シャトルもどきを製作。
Sternberg Shipping Line – Karl Stromberg の組織。The Spy Who Loved Me.
Zorin Enterprises – Max Zorin の多国籍 conglomerate。 コンピュータのハードウェアと鉱山の支配。 A View to a Kill.
Entreprises Auric A.G. – Auric Goldfinger の組織。 "Auric Stud" と呼ばれるケンタッキーの農園を支部にもつ。
KGB – ソ連の諜報機関。
Janus Syndicate – Alec Trevelyan の　熱狂的な反英国組織。 GoldenEye.
CMGN – Carver Media Group Network, Elliot Carver が自分で作ったマスメディア帝国。Tomorrow Never Dies.
Quantum – 影の犯罪組織。Casino Royale、Quantum of Solace. 非政治組織であるが政治に影響を及ぼす。現在及び以前の政治家たち、ビジネスマン、諜報機関を含む広いネットワークをもつ。そのリーダーの一人 Dominic Greene は Greene Planet を運営。Spectre (2015) では、独立組織ではなく、スペクターの支部だと判明。
King Industries – Sir Robert King の多国籍石油・建設会社。The World Is Not Enough
Osato Chemicals and Engineering – Mr. Osato の会社。化学・エンジニア装置を製作。 You Only Live Twice, SPECTRE と密接。
Graves Corporation – Gustav Graves のダイヤモンド鉱山会社。Die Another Day.
Greene Planet – Dominic Greene の環境事業組織。Quantum of Solace. Quantum 傘下にある。
Sanchez Cartel – Franz Sanchez による薬品カルテル。南北アメリカを支配。Licence to Kill。

ボンドガールからボンド・ウーマンへ

悪役と同時に重要なのはボンドガールと称された、特異な存在です。フェミニストが目くじら立てて怒るような名前（プッシー、キッシー、グッドナイト、プレンティ、逆にメイ・デイ、オナトップなど）がついた女性が、ボンドに従属するかのように振る舞います。ボンド／M、ボンド／悪人、ボンド／女性の主要な三大対抗図式ですが、明らかに<sexist code>が、ボンド映画の特徴にありました。ボンドとヒロインとの関係を規制しているコードです。

ボンドガールは敵であったり味方であったり、作品で多様です。中心的な存在と脇役と非常にたくさんのボンドガールが出演し、その仕分けさえなされていますが。

ボンド映画の大転換は、いろんな点でブロスナン・ボンドからでしたが、中でも女性の配置が大きく変わりました。性差別的状態と批判されていたことからの脱却です。周知のごとくMが厳格な海軍出身の男から、統計数字を重視する女性へ変わったことです。

ボンドガールはボンド・ウーマンへと変貌していきます。任務遂行の後、ボンドガールと二人だけでMI6の目から逃れセックスを愉楽するボンドは、クレイグ・ボンドではなくなります。

『ゴールデンアイ』における女性変貌　Mのボンド批判

『ゴールデンアイ』では、三人の女性の特徴として、転移がはっきりとなされました。

M（ジュディ・デンチ）とナターリア・フョードロヴナ・シミョノヴァ Natalya Fyodorovna Simonova (Izabella Scorupco) とオナトップ（ゼニア・ザラゲブナ・オナトップ-ファムケ・ヤンセン）です。ナターリアは、自分の名を苗字まで含めて強調して名乗ります、名前だけで人形みたいに扱うなという意思表明です。オナトップは名前などに頓着しません。Mは記号のままです、名前は画面上で語られない*。それぞれ、存在表象が違います。そして三人とも固有のスキルを持っています。Mは組織リーダー、ナターリアはプログラマー（二流と男から馬鹿にされていますが実力は一級のボリス以上であることを発揮）、オナトップはパイロットかつ銃撃殺人に恍惚とする者です。

Mが就任したことで、Mはボンドが自分を好きでないことを感じています。Mとボンドとのやや長めの固有の会話がなされます。ボンドにははっきり毅然と、迫力をもってMは言います。

I think you are sexist, misogymist dinosaur. A relic of the Cold War, whose boyish charmes......

はっきり言い切っています。これは、００７映画はボンド批判をちゃんと受けて書き換えるぞ、という宣言でもある。

「あんたは、性差別主義者だ、女嫌いの恐竜だ、冷戦の遺物だ、男の子っぽい魅力をもったまんまの…」と辛辣ですが、これが００７映画としてボンドへ烙印づけられたものと言えますし、

*「バーバラ・モズレー」。クレイグ以降は「オリビア・マンスフィールド」。まったく別人という想定ですが私たち観衆はM＝ジュディ・デンチです。

⑬ 007 オクトパシー (1983) Octopussy
オクトパシー (スウェーデン) Maud Adams
マグダ (スウェーデン) Kristina Wayborn
ビアンカ Tina Hudson
⑭ 007 美しき獲物たち (1985) A View to a Kill
ステイシー・サットン (USA) Tanya Roberts
メイデイ (ジャマイカ) Grace Jones
キンバレー・ジョーンズ Mary Stavin
ポーラ・イワノワ (英) Fiona Fullerton

---

⑮ 007 リビング・デイライツ (1987) The Living Daylights
カーラ・ミロヴィ (英) Maryam d'Abo
リンダ Kell Tyler
⑯ 007 消されたライセンス (1989) Licence to Kill
パム・ブーヴィエ (USA) Carey Lowell
ルペ・ラモーラ (USA) Talisa Soto

---

⑰ 007 ゴールデンアイ (1995) GoldenEye
ナターリア・シモノーヴァ (ポーランド) Izabella Scorupco
ゼニア・オナトップ (オランダ) Famke Janssen
キャロリーヌ (英) Serena Gordon
⑱ 007 トゥモロー・ネバー・ダイ (1997) Tomorrow Never Die
ウェイ・リン (マレーシア) Michelle Yeoh
パリス・カーヴァー (USA) Teri Hatcher
インガ・バーグストーム (デンマーク) Cecilie Thomsen
⑲ 007 ワールド・イズ・ノット・イナフ (1999) The World is not Enough
エレクトラ・キング (仏) Sophie Marceau
クリスマス・ジョーンズ (USA) Denise Richards
モリー・ワームフラッシュ博士 (英) Serena Scott Thomas
⑳ 007 ダイ・アナザー・デイ (2002) Die Another Day
ジャシンタ (ジンクス)・ジョンソン (USA) Halle Berry
ミランダ・フロスト (英) Rosamund Pike
ピースル・ファウンテイン・オブ・デザイヤー (英) Rachel Grant

㉑ 007 カジノ・ロワイヤル (2006) Casino Royale
ヴェスパー・リンド (仏) Eva Green
ソランジュ (伊) Caterina Murino
㉒ 007 慰めの報酬 (2008) Quantum of Solace
カミーユ (ウクライナ) Olga Kurylenko
ストロベリー・フィールズ (英) Gemma Arterton
㉓ 007 スカイフォール (2012) Skyfall
セヴリン (仏) Bérénice Marlohe
M (英) Judi Dench
㉔ 007 スペクター (2015) Spectre
エストレリャ (メキシコ・USA) Stephanie Sigman
ルチア (伊) Monica Bellucci
マドレーヌ・スワン (仏) Léa Seydoux
㉕ 007 ノー・タイム・トゥ・ダイ (2020) No Time to Die
パロマ (キューバ) Ana de Armas
マドレーヌ

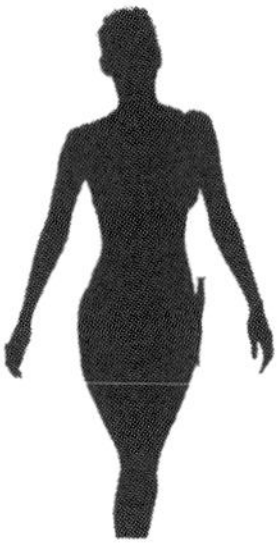

主要なボンドガール

作品名（公開年）　役名　女優

① 007 ドクター・ノオ (1962) Dr No
ハニーチャイル（ハニー）・ライダー（スイス）Ursula Andress
シルビア・トレンチ（英）Eunice Gayson
ミス・タロー（英）Zena Marshall

② 007 ロシアより愛をこめて (1963) From Russia with Love
タチアナ・ロマノヴァ（イタリア）Daniela Bianchi
シルビア・トレンチ（英）Eunice Gayson
ヴィーダ（英）Aliza Gur
ゾラ（ジャマイカ）Martine Beswick

③ 007 ゴールドフィンガー (1964) Goldfinger
プッシー・ガロア（英）Honor Blackman
ジル・マスターソン（英）Shirley Eaton
ティリー・マスターソ（英）Tania Mallet
ディンク (USA) Margaret Nolan

④ 007 サンダーボール作戦 (1965) Thunderball
ドミニク（ドミノ）・ドゥルヴァル（仏）Claudine Auger
フィオーナ・ヴォルペ（伊）Luciana Paluzzi
ポーラ・キャプラン（ジャマイカ）Martine Beswick
パトリシア・フィアリング（英）Molly Peters

⑤ 007 は二度死ぬ (1967) You Only Live Twice
アキ（日本）若林映子
キッシー鈴木（日本）浜美枝
リン（中華民国）Tsai Chin
ヘルガ・ブラント（ドイツ）Karin Dor

⑥女王陛下の 007 (1969) On Her Majesty's Secret Service
トレイシー（テレサ）・ディ・ヴィンチェンゾ（英）Diana Rigg
ルビー・バートレット（英）Angela Scoular

⑦ 007 ダイヤモンドは永遠に (1971) Diamonds are Forever
ティファニー・ケイス (USA) Jill St. John
プレンティ・オトゥール (USA) Lana Woo

---

⑧ 007 死ぬのは奴らだ (1973) Live and Let Die
ソリテア（英）Jane Seymour
ロージー・カルヴァー (USA) Gloria Hendry
ミス・カルゾー（英）Madeline Smith

⑨ 007 黄金銃を持つ男 (1974) The Man with the Golden Gun
メアリー・グッドナイト（スウェーデン）Britt Ekland
アンドレア・アンダース（スウェーデン）Maud Adams

⑩ 007 私を愛したスパイ (1977) The Spy Who Loved Me
アーニャ・アマソーヴァ（エージェント XXX） (USA) Barbara Bach
ナオミ（英）Caroline Munro
フェリカ（ユーゴスラビア）Olga Bisera

⑪ 007 ムーンレイカー (1979) Moonraker
Dr. ホリー・グッドヘッド (USA) Lois Chiles
コリン・デュフォー（仏）Corinne Cléry
マニュエラ（英）Emily Bolton

⑫ 007 ユア・アイズ・オンリー (1981) For Your Eyes Only
メリナ・ハヴロック（仏）Carole Bouquet
ビビ・ダール (USA) Lynn-Holly Johnson
リスル伯爵夫人（オーストラリア）Cassandra Harris

それへの自己批判的総括とその転換です。

そしてさらにMは、死んだ（と思われていた）００６との兄弟のような友情的私情に流されるな、任務を遂行しろと命じます。そのときMは、あんたたちプロの勘など信用しない、数字を自分は使う。

If you think I don't have the balls to send a man out to die.....your instincts are dead wrong. I have no compunction about sending you to your death. But I won't do it on a whim, Even with your cavalier attitude towards life.

とすごい台詞を吐きます。「もし、あんたが、私が男を死に送るタマを持っていないなどと思ってたら大間違いだぞ、あんたを死に追いやることに何のためらいも私はない、しかし、気まぐれでやるんじゃない、あんたが騎士道的態度で生きようとしてもな」という感じです。ボンドは、なんとも言いようのない、顔をしながらしかしクールに聞いています。冷静ですが、甘ちゃんだとなじられているようなものです。これは、男より冷酷です。かつて男Mは、ボンドがMの部屋を出たあとマネーペニーといちゃついているのを知ってマイクでちょっかい出しますが、どこかで男仲間としてボンドの挙動を容認しているのですが、女Mは許容しない。

そして人類を滅ぼしかねないゴールデンアイを見つけろ、誰がやってるのかそれで何をやろうとしているのか、それを見つけ出し、止めろ、そのときアレック Alec Trevelyan(Sean Bean) のための復讐だなどと個人的なことを考えるな、と釘をさす。「決して！」と危険な任務にいくボンドに、「Bond, come back alive.」と、「生きて帰ってきなさい」とやさしさの母性を出し、目を伏せ仕事の書類に没頭する。女性Mの誕生の瞬間でした。しかし、毅然さの中で彼女は、葛藤しています。

他方、００６アレックスは、この作品で、「登山事故で父親を失ったボンド」と述べていますし、コサックだった自分の親は政府に殺された、ボンドと同じ孤児をMI6は、諜報員に育て上げた、それへの反発と怒りから、敵側に裏返ったのですが、ロシア従属ではなくロシアを利用する「ヤヌスJanus」（二つの面を持つ神）としてでした。殺されたと思っていたアレックスは生きていて、ボンドと兄弟のようでいたのにボンドを倒す敵として現れた。

ボンドを殺そうとしたアレックスの裏切りに、海辺の夕陽のもとで、物思いに耽るボンド。㉓㉔へ繋がっていくものが、ゴールデンアイにあります。男同士の友情／兄弟の対関係が壊れた、それを癒す女性との対関係です。

捕まって連れ去られるナターリアを救出すべく、戦車を奪って敵を蹴散らしながら追跡するボンド。この戦車は、Mからたしなめられた「女好き＝女嫌い」のボンドの男根表象そのものです。躊躇なく、ボンドは事件の鍵となる女性＝ナターリアの救出のために、車や警察を蹴散らして戦車を街中で疾走させる。

そして、００６の男根列車とボンドの男根戦車との衝突。やけくそ的な感じがしないでもないですが､母からの自立を意地で対決する兄弟同様であった二人の男の対決。それは､ボンドガールからボンド・ウーマンとなった女性への対等的表現スタイルと言えます。女性がボンドへ対等になるのではない、強くなった女性へ対等になるべく、おもちゃ戦争をしあう二人の男なのです。しかし、ボンドはナターリアから好意を持たれますが、００６は旧来の男のまま、美しいナターリアに無理矢理にキスをして征服しようとして振り切られる差異が明示表象される。

ナターリアは宇宙局爆破の難を逃れ、ボンドから探し出されますが、ウルモフ将軍が犯人だと知っており、同僚だった一級プログラマーのボリスに頼るも裏切られ、ボリスを出し抜いて本部のありかを列車爆発寸前の機器の中で見つけ出し、さらにボリスがアレンジしたプログラムをハッキングしてボリスをしのぐコンピュータ技術を発揮し､ゴールデンアイを破壊する。ハードウェア（男のメタファー）を操縦するソフトウェア（女のメタファー）において、男より技能が高いことを証明実行します。

そして、兄弟同様の同僚を無くしたボンド、その諜報員としての孤独をナターリアは理解し、愛情をもって慰めます。セックスではなく愛の性です。

００６には、多分オナトップが愛人です。さりげなく００６の肩に手を当てる彼女です。

オナトップ Xenia Zaragevna Onatopp(Famke Janssen）は、愛よりもセックスそのものを快楽にしている女性です。ヘリのお披露目式に侵入するために、招待カードを盗むべく、カナダ海軍の将校＝歳とった男を色仕掛けで誘惑し、激しいセックスからオルガムスの瞬間にしめ殺すことで性的満足をえる。狂気的な女性ですが、男を手玉に取る。ヘリお披露目の会場に潜り込み、二人のパイロットを殺してなりすまし、タイガー・ヘリを盗みます。ボンドとの出会いにおいても、トルコ風プールで泳ぐボンドに蛇のように忍びより、ボンドに見つかり格闘しながらのボンドの唇を噛みきる激しいセックスの快楽で、ボンドを誘惑かつ打倒しようとします。（ファムケ・ヤンセンは女優として狂気的存在を実に色っぽく演じる役を以後していきますが、娘を守るためには男たちを手玉にとる優しい母親としての自立の強さを表象したりしていきます。わたしが大好きな女優です（拙書『聖諦の月あかり』参照））。男ボンドのペニスに対する女性のファルスの表徴。

オナトップはジョージア出身のソ連軍兵士から、まず最初、ボンドの車とカーチェイス並のカーレースをフェラーリに乗ってします。ついで、モンテカルロのカジノでバカラをするのですが、彼女は7のカードでボンドに勝ち、6のカードでボンドに負けます。こういう遊びの仕掛けがボンド映画にありますので、どんなシーンも注意深く観てこちらはおもしろがれる。

オルモフと一緒に宇宙局へ乗りこんで、ソ連製の機関銃 AKS-74U で、職員を皆殺しにするとき、愉楽の顔をしています。

キューバのヤヌスの基地でもボンドと組み合って闘いますが、パラシュートの帯がヘリに結び

AKS-74U

ついていてヘリの落下とともに引っ張りあげられ、木の間に挟まって窒息死します。それを見てボンドは、"She always did enjoy a good squeeze."とつぶやく落ちです。後ろで黙っていても不気味でセクシーな存在感ある女性でした。ふざけた名前でけばけばしいセクシュアリティを有し、きめたファッションで、ボンドガールの人気の上位を占めています。ポスト・ソビエト＝ロシア女性のハイパーセックス化されたアルケタイプだという論者もいます。

ボンドガールに対する性差別批判と転移

女性は場違い out of place の存在として、またセクシャルな存在として登場します。最初はボンドに抵抗的な存在として、しかしセクシャルな雰囲気をかもして登場する『カジノロワイヤル』のヴェスパー。悪の側につかえていてイデオロギー的に立場が違う存在としての『死ぬのは奴らだ』のソリテア Solitaire(Jane Seymour)、『ロシアより愛をこめて』のタチアナ・ロマノヴァ Tatiana Romanova(Daniela Bianchi)、「サンダーボール作戦」のフィオナ・ヴォルペ。この双方をかねた『ダイヤモンドは永遠に』のティファニー・ケース Tiffany Case(Jill St. John)、『ゴールド・フィンガー』のプッシー・ガロア Pussy Galore(Honor Blackman)、が典型です。が、そう単純ではない。「ボンドは女性を男性の従属的立場に置き、同時にイデオロギー的全般の中でも彼女を正してやり、悪に仕える仕事をやめさせ、自分の任務遂行の手伝いをさせる」(Tony Bennett) というパターンでした*。クレイグ・ボンドでは、㉓「スカイフォール」のセヴリンがその典型を再登場させましたが、ボンドは約束に反して救出できずなすすべなく死なせてしまいます。この公式は脇的な配置にされます。もう女性は自立しているからです。

ボンドガール批判は、非常にたくさん出ましたから、近年は〈ボンド・ウーマン〉として自立した女性として語られえがきだされます。マネーペニーの変容がその典型でしたが、恋愛しても永遠ではない、その場かぎりの快楽関係というあり方を主軸にしていたのに対して、クレイグ・ボンドではヴェスパーへの本気の愛として、悪評からの脱皮を設定し続け、マドレーヌへの愛として継承させました。それを軸にしたクレイグの五作品です。

ボンドに「意味あることをなすよりも使い捨ての快楽だと女性を考えている」という高飛車な賢いヴェスパーに、僕のタイプじゃない、「スマートだから?」「独身だからだ」と強ぶるボンド。㉑で海岸を白馬に乗って颯爽と現れたソランジュ(ディミトリオス夫人)からは、寝て情報をとったため彼女は殺されてしまい、他方、㉔未亡人ルチア(スキアラ夫人)からも情報はとりますがCIAに保護を頼む。㉒では闘いの前の一時のセックスでストロベリーは死なせてしまうものの、Mからの批判の言葉を入れ込んだり、カミーユとは別れのキスをするだけにした。最後㉕のパロマは、ともに敵と闘いますが(ボンドが着替えるとき後ろを向いてと微笑、もう誘惑はしないというサイン)、わたしの役目はここまでと、さっさと彼女は消えてしまいます。

* ボンドの魅力に落ちるか寝返る、タチアナをはじめとし、ジル・マスターソン③、ドミノ・ダーヴァル④、アンドレア・アンダーズ⑨、コリンヌ・ダフォー⑪、、リスル伯爵夫人⑫、など。

マネーペニーには髭を剃ってもらいますが㉓、それだけでした。互いに信頼しあい尊敬しあっています。ボンドの「新たな出立」、甦りを助ける彼女。

『ドクターノー』での最初のボンドガールは、原作では、裸の女で、「一糸もまとわぬというわけではない、幅広の革ベルトを腰の周りに巻き、ホルスターにさした猟刀を右腰に吊っていた、なまじベルトを吊っているだけに余計裸に色気を添える」と書いているのですが、映画は裸体ではなく、それに近い白のビキニスタイルで、当時、衝撃的に感じられた姿です。ハニー・ライダー Honey Ryder なるウルスラ・アンドレス Ursula Andress ですが、ボンドガールのセクシャルな象徴になりました。同じ格好での出現の仕方を、⑳『ダイ・アナザー・デイ』で、ハル・ベリー Halle Berry がしますが、オレンジのビキニ、黒人へと転じられました。

フレミングの原作の性差別的な男根優位性の表現や彼の女性観が問題であっても、映画は冷静に見てみれば、自立した女性として描かれています。西部劇でインディアン差別だという批判も、冷静に見れば超能力的な技術を持った存在として「ネイティブ・アメリカン」は描かれています。もっと深い目で見ていく必要がある。存在は一義的な単純さにはない、複雑表象を映像幻想は表現せざるをえなくなるのです。

ボンドではなく、悪役の側の女性に対する残酷さとして、問題になる批判要素がありますが、ブロスナン・ボンド以降変じています。ファムケ・ヤンセンはブロスナンを格闘技でやっつけるほどのパワーを持っている戦闘パイロットですし、Wai Lin(Michelle Yeoh) のアクションはボンド勝り。

批判の内容は、女性を男性の目でしか見ていない、女性を性的な視覚対象にして、男が性的刺激を感じているだけだ、というもの。海からビキニ姿で上がってくるウルスラをコネリー・ボンドは、のぞき見るかのようにじいっと嬉しそうに見ているし、同じ動きを模倣しているハルに対してもブロスナンは、目をしぼませながら双眼鏡で見入っています。この彼女たちの美しさは、フェティシュ化された「見られるべき物体 objects of to-be-looked-at-ness」として機能している、映画における像的快楽 visual pleasure は明白に男的眼差し male gaze だ、女性は男性が視線でなめまわす対象であり、男主人公も男観客もそこに性的な刺激を供給され、男の視点にフィルムの物語が同一化されていく、とローラ・マルベイは指摘しました。*

これが、古典的な批判で、その典型がボンド映画とされたのです。

しかし、かかる男の眼差しを知っていて、女性がそれに主体意志的に応えるスタイルや振舞いをなすことは、男にただ従属しているだけだと言えるのでしょうか?

これが次の水準での批判考察になりますし、ボンド映画自体もそこに対応していきますが、作品①②③は、たとえ知的であったりリーダーであったりしても、その通りでしかないと思います。コネリー自身もまだ荒削りでした。

③『ゴールドフィンガー』では、オナー・ブラックマンは犯罪組織空中サーカス団のリーダー

* Laura Mulvey, 'Visual Pleasure and Narrativve Cinema', *Screen*, 16/3, Autumn 1975, pp.6-18.

で、悪役としてボンドに対峙しました。しかしながらその名は「プッシー・ガロア」とあまりですが原作どおりからです。レスビアンの彼女は、ボンド側に寝返りますが、それをボンドは「母性を発揮したのか」とやはりセクシスト発言です。前作の悪女ローザ・クレップも同性愛。

ボンドを一眼見て惹かれてしまう女性設定を越えて、リーダーそして自立した職地位を有する存在に女性は配置され、ボンドと対等的な力をもってきますが、注意して見ていきますと、ロシア女性のポスト・ソ連後、つまりは冷戦後ですが、その変化として描かれていたことです。『ロシアより愛をこめて』のタチアナの無垢さから、『私を愛したスパイ』のKGBであるアニヤ、そこから、『ゴールデンアイ』のナターリアとオナトップ、『ワールド・イズ・ノット・イナフ』の（エレクトラや）クリスマスへの移行です。ロシア女性の美のブランド化があったといわれています。*

パイロット、そして諜報員自体に、さらに科学者（⑪Holly Goodhead/Lois Chiles、⑲Dr. Christmas Jones/Denise Richards）とボンドガールはなっていき、ボンド顔負けのアクション／インテリジェンスをこなします。これは、つまり、ファム・ファタールを超える女性存在です。００７映画は、フィルム・ノワール的な女性像を何とか超えていくことを大きな表現配置に持ってきたといえます。この大きな転機になったのが、男を両手で抱え上げて投げ飛ばした⑭での黒人メイ・デイ May Day(Grace Jones) でしたが、しかし身体動作的なものであるだけでゾーリン Max Zorin（クリストファー・ウォーケン）の愛人かつ用心棒という従属性から脱し得ていない。

* Saunders, Robert A. (2011). "Brand Interrupted: The Impact of Alternative Narrators on Nation Branding in the Former Second World". Branding Post-Communist Nations: Marketizing National Identities in the "New" Europe. Abingdon, England: Routledge.

完全な転換は、すでに述べましたが、『ゴールデンアイ』のファムケ・ヤンセンが演じたオナトップです。名前からしてふざけていますが、彼女が演じる狂気的な戦闘パイロットとして同時に殺人を楽しんでいるセクシーでいて怪物的な女性です。カーチェイスで登場し、ボンドとバカラを競い合い、そしてボンドと格闘しながらのセックスという表象は、007映画の過渡的表現と言えます。006の愛人であるようですが、まったくそんなことは意にかいせずの雰囲気で、銃の乱射による人殺しに愉楽をもち、また、セックスそのものの欲望昇華を楽しんでおり、男をセックスしながらしめ殺すということを平然とやってのけます。そのくせ、ボンドに首の後ろを叩かれて気絶。ひょうきんさに屈託がまったくない。しかし、過渡性として狂気的セクシーさを描き出すしかなかったキャンベル演出でしょうか。④のフィオナ、⑬マグダをへての表象です。

マーチン・キャンベルは、それを純粋な愛へと『カジノロワイヤル』で完全に切り替え、成功させました。キャンベルは、この二つの転換をやってのけた監督でした。Mは、男勝りのリーダーとして、しかし母性との葛藤をうちに抱えている存在として描き出されました。

欲望への欲望

愛と欲望とが分裂していたのが、コネリー・ボンドでの表象です。⑤で日本女性と結婚しますが偽装結婚です。ボンドは、ただ美しい女性と一時を愉しむ男でしかなかった。愛ではなく

「欲望」だと批判されますが、そんな単純なものではない。女性はボンドを好きになっています、でなければ身体を許さない。ここに「欲望への欲望」という次元が構成されている。

欲望とは本質的に「他者の欲望」です。ボンドの欲望に応えていく欲望ですが、単純なベクトルではない。男根ならざるファルス（母の男根という幻想）が作用しているのです。

そんなボンドがレーゼンビー・ボンドではほんとに結婚します。しかし、結婚した相手はスペクターに殺されて死んでしまう。興行的に失敗とされたこの作品は、しかしながら評価は高い。それは、男映画ではなく、ある意味女性映画になっているためです。ギャングの娘ですが、親の手に負えない、自殺しようとしましたがある意味で心的に自由自在に行動しています。＊

真の愛＝欲望の関係

これが、真の愛として表象されたのが、ボンドとヴェスパーの関係です。完全にボンドガールからの脱却です。

拷問から脱して療養しているボンドのところにヴェスパーがきて、わずか4分の会話なのですが、愛と欲望が分離していない関係が示される。

何年も会っていなかったような目でみるボンドに、それは「私を産まれかわせる感じよ It makes me feel reborn.」と愛を感知するヴェスパーにボンドは「産まれたばかりなら、君は裸だね」

＊ Marlisa Santos, " This Never Happend to the Other Fellow":On Her Majesty's Secret Service as Bond Woman's Film, in Lisa Funnell(ed.), *For His Eyes Only:The Womaen of James Bond*(Wallflower Press, 2015)

と性愛的に答える。それにヴェスパーは「You have me there.You can have me anywhere.」と顔をボンドに近づけて耳もとで囁きます。「私はあなたのものよ」と字幕は訳しますが、文字通りの直訳をすると「あなたはあそこで私を持った。あなたは私をどこでも持つことができる」と、他者の欲望を表明しています。「僕はできる?」に「ええ、ここでもあそこでも、あなたが好きなどこでも」、それは「君が僕を好きになったという意味かい? Does this mean that you're warming to me?」like でも love でもない warm です。それは、暖める、思いやりがある、熱中する、元気付ける、励ます、興奮する、色情する、と幅広い意味です。「ええ、述べた通りよ」とヴェスパー。つまり、相手の理解するままますべて受け入れるということ。

「君が僕に対してどう思っていたかを言ってみると、⊲loathig⊳と言えばいいかな…」というボンドに、「私は複雑な女であることを私は恐れている」と意味深に言うヴェスパー、自分を自分で客観化しています。loathing は「嫌な奴」。「それは怖いな」と言うボンド。これは、嫌いだったり好きになったり、また信頼したり、裏切ったりすること、しかし、「愛している」という確信に立った上での不可避のゆらぎです。

そこにスイス銀行が来て1億2000万ドルの大金を振り込みます。ボンドが設定していた暗証番号は V-E-S-P-E-R でした。自慢そうな顔のボンドと、ハッとすると同時に嬉しそうでもあるヴァスパー。二人のやりとりの名演だと思います。もう、「ボンドガール」だなどという水準は突き抜けている。

塞ぎ込むようなヴェスパーは、「知っておいて欲しいの、すべてがあなたから失われても、笑顔と小指だけ残っても、あなたは私が出会った誰よりもひとりの男であり続ける」と、愛を表明する。深刻に見つめ合う二人。するとボンドは、「僕の小指でできることを知ってるからかい?」と性技の話へ柔らかく深刻さを冗談へ切り替えます。「何のこと?」とはぐらかすヴェスパー。「But you're aching to find out. なら見つけ出してみるかい」です。愛情と性愛とはもう分離していません。「あなたはそこへ私を連れて行かせない、でしょう?」(字幕は「あなたにはもう近づけない」)、つまりあなたの欲望は私の欲望をそこへ許してくれない、という「他者の欲望」の拒否を案じているヴェスパーです。「あの夜、あなたは甲冑をつけることに戻ってしまった」、つまりヴェスパーは自分が裏切っていかざるを得ない方へいってしまっているのを意味します。しかしボンドは、「甲冑はもう脱いでしまった。「You've stripped it from me. Whatever is left to me....whatever I am. I'm yours.」と、「君が僕から脱がせてしまった。僕に残っているのは…僕であることそのもの、僕は君のものだ」。

「君は僕のものだ」とは言っていない、「僕は君のものだ」、という「他者の欲望」にあるということです。自他関係の主語言語英語を述語言語日本語に変えるとき、二重の転倒が起きて擬似主語化されるとこういう訳理解になって、論理性が消えてしまう。

ボンド映画史上で、こんなボンドは後にも先にもいない。真の愛の喜びと苦悶とを見事に表出しています。脚本の言葉と二人の演技、完璧です。字幕は、主語的に訳していますが、英文でも主語言語でありながらしかし、「あなた／君」と言う対的他者の述語的な欲望＝愛の表現になっています。日本語で、うまく訳しようもなくなるのは、いかに言語構造が違うかですが、主語英文でありながら述語的な欲望＝愛の述語的非分離関係の表現として見事です。ボンドの茶化しがちゃんと愛表出になるヴェスパーの受け方が見事。愛がなければ不可能な受け止めですし、ヴェスパーはそれが壊れるのを知っていて本気です。

ヴェスパーの死のあと、ボンドはマドレーヌと出会い、彼女との愛の時を過ごし、子どもまでもうけますが、ヴェスパーとの愛にそれは至らないゆえ、ヴェスパーの墓で爆破されたとき、マドレーヌへの疑いになって、マドレーヌと冷たく別れてしまう。すでに、ヴェスパーに裏切られたからですが、裏切られてもその真実がボンドを助けるためであったと知っても、そこに変わりなく、ヴェスパーへの本気の愛は、マドレーヌもボンドの仲間も敵さえも、本気で深い真実であることを認めているのです。

ですのでマドレーヌは妊娠していることをボンドに告げず、黙って一人でボンドとの娘を育てます。他者の欲望が、炸裂したままなのです。

愛と欲望構造の欲動関係は、非常に微妙です。それをよく表現しえているクレイグ映画。

欲望の関係構造

欲望構造は、非常に複雑ですのでここで語りきれませんが、対幻想は「他者の欲望」としての非自己の共有であり、対関係は分離自己の相互関係になります。ボンドは、共同幻想／超自我に対して、敵（兄弟、友人）と闘う悲劇を、対幻想において慰められ抱擁されるという場所を有しますが、敵はそれを持てないという対比になっています。コネリーやムーアのボンドは、対幻想なき性愛のレベルにとどまっており、ブロスナン・ボンドはその双方の格闘に配置されていると言えるでしょう。「愛する女を殺せないはず」というエレクトラを自らの手で殺したときの、苦悶のボンドの表情・態度は非常に強烈でした。「愛している」とは言えない愛の存在の消滅です。身体だけのセックスなるものは存在しないと思いますが、エロス／愛がセックス化されると、女性は対象物だけにされてしまう。欲動 pulsion ／享楽 joissance は欲望 desire 疎外へと性愛化されてしまう。ボンド映画の系譜は、この欲望体系の時代的変移とも言えます。

考察の仕方も Maryam d'Abo/John Cork, *Bond Girls are Forever: The Woman of James Bond*（Harry N. Abrams, 2003）と賛美する仕方から、Lisa Funnell(ed.), *For His Eyes Only:The women of James Bond* (Wallfler Press, 2015)* の批判考察へと変わってきています。簡潔に Rosenberg, Alyssa (9 November 2012). "The End of the Bond Girl and the Rise of the Bond Woman". slate.com. Retrieved 6 May 2016. が言うように。

この基準点からボンド映画のボンドガールズたちを見直してみれば、ただのセクシストではないことがうきだすのではないでしょうか。それを一貫して貫いているのが、ボンドとマネーペ

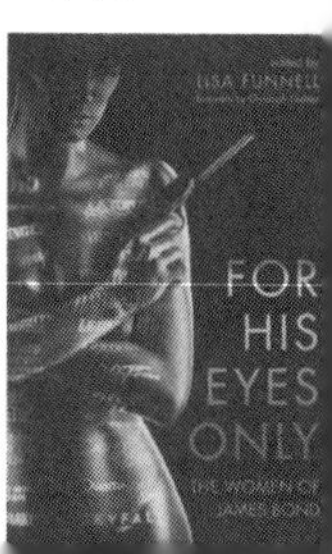

* Lisa Funnell(ed.), *For His Eyes Only:The women of James Bond* (Wallfler Press, 2015)

ニーとの関係になります。〈親密性 intimacy〉の関係です。

マネーペニーの変貌と変わらぬもの

第一作から、マネーペニーとボンドとの信頼関係の軽妙さは、実にほのぼのとしているものです。最初では、ボンドはマネーペニーの椅子に一緒に寄り添うように腰掛け、二人の会話はなにか素敵な時間を過ごしたかのようにかわされていますが、厳格なMが二人がいい関係になろうとする雰囲気にマイクで介入し邪魔をする。Mは感じているということですが、絶妙なタイミングで、二人は苦笑しながらもその関係をキープし続けます。ボンドが急ぎ調べを頼むと、後でやっとくわという彼女に、「帰ったならお仕置きするぞ」というボンドに「待ち遠しいわ」と返す*、親和性です。

クレイグ・ボンドで、マネーペニーの登場の経緯が明かされました。万能の諜報員なのに、ボンドに死に近い怪我を負わせてしまった。しかし、ボンドはそれを許容し、その後も一緒に任務遂行しますが、「撃たないでくれよ」みたいな冗談を言いながら、すべて彼女を信頼し、調査や協力を頼みます。結局、彼女は自分に合わないと秘書仕事に切り替え、そこで初めてイヴ・マネーペニーだと名を明かす。つまり、「イヴ」なのです、禁断の実を食べた。しかし、すべての起源でもある。かつマネーをその名にもっています。つまり、彼女は「悪」にもなりかねない危うい存在なのですが、ボンドに純粋無垢的な存在として関わりますし、任務に関係ない私

* これは、B: I'll put you over my knee. M: On yogurt and lemon juice? I can hardly wait. です。「俺の膝の上に君を乗せるぞ」、「ヨーグルトとレモンジュースを？　とても待ってるわ」です。マネペニーは機知ではぐらかしています。

的生活では彼氏と一緒にいます。ボンドはちらっと気にしていますがそれ以上介入はしません、任務遂行にきちんと助力してくれて支障はないからです。

ブロスナン・ボンドでは、「お相手をしてくれないの」と含んだ誘惑的発言をしますが、二人はクールな関係です。バーチャルで、ボンドとセックスする寸前の体験をして興奮したりしています。レーゼンビー・ボンドが結婚したとき、マネーペニーは公衆の面前で涙を流し、Mたちに慰められます。つまり、ボンドを想っていたのですが、ボンドは親密性から先へ出ようとしなかった。内的な欲望として二人は性関係を望んでいるのですが、それを「親密性」の親和性においたまま、仕事をきちんとし、冗談を軽やかにいいあったりする「良い」関係です。

コネリー・ボンドを手のひらでからかう成熟した女性であるマネーペニーは、ブロスナン・ボンドではまだ若い揺れているマネーペニーとなり、クレイグ・ボンドでは黒人の、戦闘もできるが秘書になって、ボンドの孤立した闘いを情報活動で助けるマネーペニーとなりました。＊

つまり、他者の欲望を自制しあっている二人です。仕事関係は、ですので、Mに内緒のことでも信頼性でやってのけます。白々しい他人関係ではないのです。ボンドの弱点も知っているが、ボンドを真に信頼して尊敬しているマネーペニーです。「親密性の愛」があると言ってよいと思います。堅苦しい仕事だけの関係ではなく、一般的にハラスメントになりかねない際どい性愛的な話も冗談にかわせる知的な機知にある二人の愛情・信頼です。

＊マネーペニーは、Lois Maxwell（①〜⑭）、Caroline Bliss（⑮⑯）、Samantha Bond(⑰〜⑳)、Naomie Harris（㉓〜㉕）と四人が演じています。

james bond 

ジェームズ・ボンドとは何か？

ボンドとは、悪に対決し闘い抜くということ、そして女性と自由に愛をかわすということ、この二つを自在的な自己技術として領有していることにあります。

〈ジェームズ・ボンド〉とは、誰ではなく、構造的・関係的に何か？です。

競争心に富み、愛国心に溢れ、清廉潔白で、いかつい風貌の護国の士、という大英帝国の系譜から、「陰があって、笑顔を見せず、皮肉屋のスーパーヒーロー」（チャップマン）が繰り広げる、〈big loud action movie〉の新種映画が００７の登場でした。

イギリス国内の退廃と国際的な地位の落下の中で、また映画界自体の低迷の中で、ボンド映画は登場したとチャップマンは指摘します。時代を受け、時代を乗り越えて動いていく映画。

ボンド・シリーズは、明らかに他のアクション映画やスパイ映画と一線を画しているのは、「ボンド自体の造形」です。そしてそのボンドを定型の背景環境に置く配備です。

マーティン・キャンベル監督が一九九五年に述べたことですが、「シュワルツェネッガーやブルース・ウイリス、スタローンも結局は〈blue collar〉だ、ボンドに比べられるようなソフィスティ

ケートされたもの、イギリス的なものはない」というように、ターミネーター、ダイハード、ランボー、そしてメル・ギブソンのリーサル・ウェポン、さらには、ハリソン・フォードの「インディ・ジョーンズ」も、シリーズ化していますが、内容がおもしろくともボンド映画のように持続できない数作で終わります。ボンドは、賃労働者ではない、異国情緒溢れた場所を移動し、常識はずれの陰謀をなす不埒な悪党とその不気味な異様な手下と闘う、アクション／冒険の振る舞いです。ビートルズ、ファッション、前衛的アートの六〇年代文化変容の中で、荒唐無稽さのテクノロジーからリアルな設定へとボンド映画は形成され、⑥で物語性重視になるも元へ戻り、ベトナム戦争をシリアスな世界背景に持ちながら七〇年代ムーアの「軽み」のボンドへ転じる。

ボンドの特徴についてもさまざまな考察がありますが、このロマンチックなアンチヒーローは、「どこか不滅の命をその身に秘めている」ため、連作されても不自然さをもたないし、「古典的なキャラクターの特質」を身につけているため、新たな政治世界が来ようと最新技術が発明されようが、物おじせず、それの失敗と効果をユーモアに変えてしまったりする、「タフで、身体技術がすぐれ、頭がきれ、かつ心の葛藤をも十分に抱え込んで」いるため、超人間的なようでいて憎めない人間的なさまを見せます。俗に言えば、ヘテロセクシャルな男根的願望をみたし、そこに征服される女性従属を、いかにセクシストと非難されようとも、大衆的欲望に応えていった。明らかに、巨大映像画面で活躍するそれは、「ポップ・カルチャーの一部となり、原作を超えて認知される文化的意味合いをもつ存在」になったのも、コネリーの固さとムーアの柔軟さとの相反共存からです。英国だけでなく世界を救うため、「スターウォーズ」に対抗し⑪で宇宙にまで行きますが、常識はずれとリアルさの共存においてボンドがその均衡を保つ。

八〇年代の社会的失業状況におけるサッチャー／レーガン時代をバックに、ムーア・ボンドはファンタジーを観衆にとどけます。⑫ではサッチャーそっくり首相が登場。電話でオームが繰り返す「キスして」にまんざらでもない嬉しそうな対応をする彼女。そのときボンドは「あなただけよ For your eyes only」とガウンを脱ぐメリナと一緒に・・・。ムーア映画自体のシリアスさとユーモアとの相反共存が⑬⑭と展開され、むっつり雰囲気のシリアスな演劇派ダルトン・ボンドへ。アフガニスタンでのエイズ・ウイルス⑮、そして資格を剥奪されても親友のための復讐劇⑯。この失敗を受けて、九〇年代、ブロスナン・ボンドで００７は新たに復活。

自信過剰とヴェスパーに批判されようとも、「負けず嫌い」の恐れ知らずのヒーローが、本人と彼が守ろうとする大切な物を危機に陥れるものに闘い、陰謀を回避していくそのプロセスに、観客はスリルを感じて行きます。ボンドが勝つに決まっている、その過程を愉しむのです。

敵は、『カジノロワイヤル』のル・シッフルのように、ボンドを真っ裸にして股間を拷問する、つまりヒーローを「去勢」しようとするのですが、諧謔をもってボンドは耐え、屈することなく、敵（ミスター・ホワイト）によって救出さえされます。ル・シッフルを殺すのはボンドでなくスペクターですが、ボンドが勝ったお金を引き換えにヴェスパーがボンドを助けたからでした。彼女を二重スパイにしている原作より、ひとまわり深まっています。

派手で騒々しいアクションとそれをこなすソフィスティケートされたボンド精神との共存です。それは、ローレックス／オメガやスーツなどブランド品やアストンマーチンなどへのこだわりとして視覚化されます。ボンド・ムックが常に、どんなファッション・ブランドだ、どんなワインだ、どんな車だなどとり上げる常にあるように、「スタイル」と「振る舞い conduite」に現れてくる、これをチャップマンのようにスノビズムだとは言えない。

どんな危険な敵の真っ只中に入ろうとも、自分を隠さないで「ボンドだ」と名乗る*、その態度に支えられているものであって、俗物的なブランド嗜好の価値観ではない。

そして、女性への態度と愛交です。

ボンド映画が始まったころ、イギリスだけではない日本も、消費社会生活へと入っていく発展途上でした。小さな贅沢と自由への開放が、抗しがたい魅力への憧れとして、自分がとどかない贅沢なところにボンドがいた。そして、性への罪のない意識が、それを支えます。彼は、諜報活動の真っ只中であれ、陰謀を打ち倒したあとであれ、美しい女性と愛を愉楽しますが、束縛されない一時の自由な愛であり、永遠の契りをなすもの love ではありませんでした。フレミングの小説がポルノグラフィーだとされたように、またボンドガールたちがプレイボーイ誌にとりあげられていくのも、性の自由の社会現象と重なっていたことでした。映画でのボンドの性表現は露骨なハードではなく、ソフトであったのです。しかし、クレイグ・ボンドは、ヴェ

* ムーア・ボンドは偽名で捜査に入ります。探偵物ぽい。これは、ムーア自身がボンドを茶化してますから、本名だろうと偽名だろうと、彼には同じことになります。正体バレても動じない。コネリーもそうでした。

スパーを本気で愛したことが、何よりも大きな主軸になっていきます。
もう一つ大きな特徴は、国際的な政治力学、世界陰謀の政治性がテーマとなって背景に絡んでいることです。「隠したいこと」が明るみに出されます。定式化している冒険アクションが展開される根拠であり、裏切りや偽装や替え玉の世界に対して、自由国家理念と「大英帝国」の威厳を守る、その緊張関係が、社会主義／共産主義（ソ連、北朝鮮、キューバ）、帝国主義、ファシズム、冷戦、政治テロ、多国籍企業支配、と時代によって変わっていきますが、二十世紀が「秘密諜報員の暗躍する陰謀世界」に政治的・文化的に関与している、誰でもが、CIA, KGB,MI6など、自分が知らなくと実在し、国際的諜報合戦が繰り広げられている次元へ、想像的リアルさを投影しています。

これは、チャップマンがうまくまとめていますが、英国における二大不滅のキャラクターは、シャーロック・ホームズとジェームズ・ボンドだ。しかし、探偵物は謎の解明と犯罪の解決を物語性の主眼とするが、スパイ・スリラーは、殺人や窃盗なる要素は作品の存在理由ではなく物語展開の背景でしかなく、手に汗握るアクションと陰謀が渦巻く物語だ、という対比です。

前者は身近な暮らしに関係する人たちの間の出来事ですが、後者は見知らぬ者たちの出来事に国際的広がりでなされます。しかしながら、ベネディクト・カンバーバッチのホームズは国際的陰謀へ絡んだり、またクレイグは『ナイブズ・アウト／名探偵と刃の館の秘密』2019で探偵になりました。ボンド映画の間でも、遜色無い存在です**。スーパー化しなかったためと思います。

** ブロスナンは007の間で、『マーズ・アタック』やティーブ・マックイーンの『華麗なる賭け』のリメイク『トーマス・クラウン・アフェアー』に出演。ル・カレ原作の『テイラー・オブ・パナマ』さえ撮っています。コネリーが007に固定化されてしまったことを、彼らは超えていった。

●パロディ映画「カジノロワイヤル」

こうしたことすべてを茶化したパロディー・ボンド映画が、一九六七年の「カジノロワイヤル」でした。ボンド映画とはなんであるかが逆によく出ています。ボンド役はデヴィッド・ニーヴンですが、その女たらしとダメさを演じる偽物ボンドがピーター・セラーズで、誰もかもが「ボンド」＝００７だとされるのですが、女性たちもボンドになります。Ｍ（マクタリ）は監督のジョン・ヒューストン自身がなります。ばかばかしい映画ですが、豪華俳優総出演です。欲求不満のマクタリ夫人ミミがデボラ・カー、ボンド甥のジミー・ボンドがウッディ・アレン、フランス外人部隊がジャン＝ポール・ベルモンド、ミス・太ももがジャクリーン・ビセット、バグパイプ奏者ピーター・オトゥール、カジノの客デヴィッド・マッカラム、ミミの配下アンジェリカ・ヒューストンらがチョイ役で出てきます。マタ・ハリならざるマタ・ボンド、マネーペニーは娘になっている。

M＝MI6、CIA（ウイリアム・ホールデン）、KGB、フランス情報局の四人が、秘密に車で四方から待ち合わて、引退しドビッシーを日課で聴きながら、優雅な豪邸に暮らしているボンドに、お前でしかできない、全諜報機関を脅かしているものを探ってくれと、各々の立場利害丸出ししながら、共通にボンドに依頼します。そのやりとりに、ボンドキャラクターは語られています。だが、ボンドは断る、すると、ボンド邸は爆破され、やむなく引き受けざるをえない状態へ追い込まれます。そこからははちゃめちゃ映画。

ヴェスパーは「ドクター・ノオ」のウルスラ・アンドレス、ル・シッフルはオーソンウェルズ。

こんな映画が成り立つのも、ボンド＝００７世界が、象徴界・想像界・現実界の構造関係均衡を画定しえているからです。

●イギリス・対・USA

フィリックス・ライターはCIAとしてUSAを代表象しているのですが、必ず、彼はやらない、やれないが、ボンドを助ける。彼よりボンドはスマートで、術作にたけ、タフで危機を乗り越えていきます。それを資金面や情報面でボンドを信頼し、スペクターにつこうとするCIA上司よりもボンドを助けるのです。ボンドは、彼が唯一の友人だと最後の作品で言いますが、CIAに潜んでいたスペクターのメンバーの裏切りから救えず死なせてしまう。これが、またマティスについで友を亡くすボンドの内面的な苦悩になりますが、大事なところは、没落するイギリスに対して、大資本がありはるかに帝国のUSAの鼻を明かすボンドです。常に小さな国イギリスの方が、USAより優れて勝っていることが示されます。MもCIAを馬鹿にしています。

CIAよりMI6の方が、インテリジェンスが高いということは、ボンド映画に限られたことではありませんが、実際には威光と力が衰退する落ち目のイギリスを、誇示しようとする、NATO同盟国のヒーロー・ボンドであるのです。

ボンドとM

ボンドにある意味、組織官僚的な指令を出すだけだったMは、ブロスナン・ボンドで女性＝ジュディ・デンチになったことで、母‐息子関係と上司‐部下とが交叉する関係になります。愛情と冷酷さとの相互変容です。

あたらに赴任したMは、ボンドにあなたを死なせることに一切躊躇はないと迫力を見せました。そして⑳『ダイ・アナザーデイ』では、拷問に１４ヶ月耐え口を割らなかったボンドを、情報を漏らしたのではないかという米国側の疑いを受けて、「００」を剥奪します。そして、復帰させても、敵側に忍び込ませた三重スパイのミランダに、ボンドとは「女たらし」だと繰り返し確認させます。

任務遂行において強引で自分勝手で味方を危機へ巻き込むという判断と、「女たらし」ということは実際は女嫌いであるという女性蔑視・女性差別である判断が、Mには確固としてあり、そのドラ息子をしかしどこかで母的に抱擁しているということです。

㉓では、ボンドに当たってしまうかも知れないのに構わないから撃てと命じたり、女性を死なせてしまうボンドのあり方を非難します。ある意味、女性を代表する言動をとっている。それはまたMの葛藤自体であるのですが、ジュディ・デンチのそれを内に秘めて出さない演技が渋い。ボンドは、「なんで信用してくれないのか」と非難をもらしながらも、しかしイギリスに忠実にMI6やMの指令を無視しても貢献する行動をとり続けます。それが『スカイフォール』の最後、はためくイギリス国旗をじっとたちすくんでみつめるスコットランド人（?）ボンドであり、そこにマネーペニーがMの遺品を届ける、というシーンで象徴的に表示されました。

つまり、ボンドは勝手なようで、非常に規範的です。その規範は、イギリス／女王への忠誠、そして世界を脅威に陥れる悪を倒す義務です。この規範と義務の間で、MI6の不十分さには従わないというレギュレーション領域で、行動します。それが、味方をも危険に巻き込み、組織の危機をも招きかねないという、組織規則とズレる。

規範－規則－義務の間の本質関係をボンドは一貫して、自律の自己技術において決死の活動をするのです。規則従属者ではない反骨精神があることが、大衆的共感を呼ぶのだと思います。つまり、大衆は、日々の規則従属に規範違反を感じたり自分の窮屈さを感じながら生存している。そこを逸脱していくボンドを羨望的に見ています。しかし、それは命がけの自分が死んでしまうかも知れない活動になりますから、自分ではできないという代償をボンドに託す。そのボンドもコネリーの超人的なボンドからブロスナンの決死のスマートなボンドをへて、苦悶する人間臭い弱い面をもつクレイグ・ボンドになった。こうした変遷への共鳴です。

生きて戻ってきなさい、という愛情をMは持っており、ただ性愛の信頼からボンドを包み理解する女性への愛へと変容した、その過程から、M＝母の死をへて、再び男Mに、「喜んで」従う、超自我を獲得したボンド、現実界と想像界を均衡させる存在となっていきます。

そこからコネリー・ボンドを見直すと、荒削りながら超自我を余裕をもって有していた「男＝ボンド」という「分離」象徴界を達成している範型ということで、コネリー・ボンドが手本となってきたのがわかります*。ですから、任務遂行と女好きとが矛盾しない、男根主義の象徴的確定をなしていたのです。その、男根主義の解体過程が、ナンパ的なムーア・ボンド、決死的なブロスナン・ボンド、むっつりのダルトン・ボンドそして内的苦悩のクレイグ・ボンドだと言えるのではないでしょうか。その「ボンドの多様さ」が、００７シリーズだということです。その個的な解体過程にたいして、アクションの徹底ぶりが、相反してより派手・大胆になっていきます。

いかなる界に対しても、自律的な相反共存をなす自己技術、ここに〈ボンドの魅力〉があるのです。

そのボンドのある意味単純さに対して、他律的である他者たちの豊富な関係世界が〈信頼〉

* イーオンから離れたコネリーが仕方なく『ネバーセイ・ネバーアゲイン』でボンドに戻ってきましたが、まさしく「ボンド」です。しかし007映画ではないのも音楽やアクションなどの文法的決まり事が不在のためボンドが生きない、面白くない。総体としての「ボンド＝007」映画であるということです。

と〈裏切り〉の相反において展開される。その味深さ、繊細さが007シリーズです。兄弟関係が裏切ります。006とスペクター。

組織と距離をとりながら、規範的な遂行をなす者との信頼関係。CIAのフィリックス。

そして、親密さの関係にある、ある意味唯一の変わらぬ信頼関係のマネーペニー。

Qは、ボンドと相反しながらも支援する信頼関係です。

そして「敵」は、ボンドの反転存在です。それは、「他者の欲望である」自分自身の否定対象であるのです。ですから命がけで倒します。象徴界の画定の中で、想像界の揺らぎを組み立てる主体の裂裂がボンドです。コネリーは絶体絶命危機状態に置かれても平然として脱出します。

コネリー・ボンドでは、超自我的確立ができていますから、敵はただ「外在的な疎外」分離対象でしかない「異なるもの」でしたが、007シリーズで、徐々に内的疎外対象へとなっていきます。㉕の「サフィン」は、スペクターを倒したい一掃したいというボンドの「大文字の他者の欲望」そのものです。それをサフィンは実行しますが、より巨悪になり、同時にそれは自己制御不可能な様態になってしまい、ボンドは死ぬしかなくなるのです。本質論的に㉕は構成ができているのですが、映像表現、演出が粗雑だということです。マーティン・キャンベルないしサム・メンデスだったなら、いや、二人を合わせた次元が構成されたなら、そうはならなかったであろうと思います。決着付けで製作側がミスった、とわたしは解しますが、なせる監督がいないということでもあるのでしょうか。ボンドの存在は、それほど大きくなっているのです。

007とフィルム・ノワール

『ダイ・アナザー・デイ』を撮ったリー・タマホリ監督は、二重スパイのミランダがファム・ファタールだと言っていますが、彼女の言動は闇や深みはない。ボンドガールは、そうした次元を脱しているとわたしは思います。確かに、ボンドを誘惑し騙しますが、謎的存在の雰囲気はあってもその手際は浅いです。つまり、ボンドと寝たからといって敵の側にそのまま在る存在でしかありません。敵味方を超越していないのです。また、ボンドを狂わせていません。*

そもそもフィルム・ノワールの心的な暗さは007シリーズにはない。つまり現実界・想像界・象徴界の編制が全く違う。ボンドを本気にさせたヴェスパーをファム・ファタールとは言い難いですし、完全な悪役であるエレクトラ・キングも、誘拐されて心的に犯人に協力するストックホルム症候群になっているかわいそうな存在であるゆえ、ブロスナン・ボンドがある意味本気で愛した女性で、自ら殺さざるを得なくなった悲劇です。

男を破滅させる謎の怪しい魔性の女は、ボンドガールにはいない。フランス雑誌GQ（2012）でフィルム上の「ファム・ファタール」二十五人の中に、007の『スカイフォール』のベレニス・マーロウ（セヴリン）をあげ、さらに『ドクター・ノオ』のウルスラ・アンドレスをあげていますが、前者は妖艶かつ魅惑的な容姿で謎的な存在ではありますが、ボンドに救出を期待するもシルヴァにあっけなく殺されるだけですし、後者はただグラマラスで無垢で魅惑的なだけの存在です。もう、世界の知的考察の劣化がこの雑誌にも現れていますが、ファム・ファタールの意味さえ、わかられなくなっているのもフィルム・ノワールへの知的認識が不在であるからです。

* Ben Tyrer, *Out of the Past: Lacan and Film Noir* (palgrave, 2016) は、ラカン言説を使っての優れた映画理論考察です。

００７シリーズは華麗なるド派手のスタントも命がけのアクション・スリラーをもってフィルム・ノワールの次元を脱しえたがゆえ続いてきているのであって、その範疇に収まりえない女性存在を表出しえたゆえ話題となっている。騙しあい映画ではない、単純にして爽快な善悪の闘いの映画であり、ボンドは世界の危機を救う決死のシビアな闘いをしていても、女性に親密さをもって癒しの時を過ごすことでしかないし、もて遊んでもいないし、ヴェスパーのように運命をかけても自分の任務を崩されることはない。ハードボイルドでもない、まったく異なる次元と水準を開いて、フィルム・ノワール／西部劇の次元を脱したのです。

ですから、ボンド規準からスパイ映画やアクション映画が新たに作られていきます。テレンス・ヤングたちによって「スパイ・スリラー」とジャンル化されました（クレジットに明示）。正確には、スパイ・スリラー・アクション映画でしょう。ですから女性たちもアクションしていくようになります。ヴェスパーやセヴリンのようにアクションしない存在でも、フィルム・ノワール的ではない。現在的にファム・ファタールは、文字通りデ・パルマ監督の『ファム・ファタール』や『白いドレスの女』、『甘い毒』など、サスペンスで男を騙し狂わせるものとはっきりと描き出されます*。ボンドガールたちとは全然違います。アクションが想像界を構成できている点が大きい。

ボンドの現実界は堂々たる「悪党の世界」です、複雑な矛盾表出界です。想像界が、女性とアクションです。そして象徴界は遡及的時間性を配置しえている物語公式の繰り返しです。

* ファム・ファタールについては、拙書『聖諦の月あかり』256-280p を参照。

ボンドの女性への振る舞い

激しい闘いのあと、コネリーやムーアのまたブロスナンのヒロインたちとの愛のひとときは、ボンドも優しい人間なんだな、ただの男なんだなとなるのが、ボンド映画の大きな魅力になっています。愛の葛藤の心的複雑さはない。とくにコネリーやムーアは、救出に来た仲間の紐を切って、二人だけの時間を過ごそうとバイバイする、そのほっとした瞬間で映画をハッピーエンド的に終わらせた。ブロスナンでも⑰⑱⑳はそうですが軽やかです。⑲では撃ち殺してしまう破格が設定されたが、クリスマスが代行する。クレイグ・ボンドでは、そうしたハッピーエンドでセックスという設定はなくなります。愛情はあるし、「欲望の欲望」として女性から愛されている。つまり、他者の欲望の心的構造の想像界を構成した。これがアクションと相反共存する想像界。

Mからは激しく非難されますが、ボンドは、敵が女性を手荒く扱うと怒ります。ただの女たらしでも女嫌いでもないし、彼の女性への態度、対応はセクシストとは言い得ないと思います。確かに美しい女性に会うと、それとなく誘いますが、相手は不快ではない。その言い方の妙が、親密性を表現しており、ただ寝たい、セックスしたいではなく、女性と親和性のあるひとときを過ごしたいということです。それは女性の側から、突っ張りながらも受け入れていく。

女性をとらえてしまうボンドの魅力は、ハンサムだというだけではない、物事に躊躇しない男＝異性の魅力であり、ヘテロセクシャルのある健全な欲望の表出であるといえます。悪を祓う、日本でいうところの「もののけ」をよせつけない排斥する「いろごのみ」です。相手の女性も、悪から解かれるのです。『ゴールデンアイ』では、ナターリアに命じられて「イエス・サー」と従い（イエス・マムとは言わない）、彼女の愛情に自分の友を失った空虚さを慰められますし、『ダイ・アナザー・デイ』のジンクスは、わたしは男に囲われはしない一晩を楽しむだけだとはっきりしています。マネーペニーからは、いつか本気になるの？と軽やかに親和性で戯れる。

悪の世界には批判的他者は不在、従ってボンドによって破壊される偶然の中断が行使されるも繰り返し次から次に悪が出現する現実界です。ボンドは実際に女性を失うのですが、その失敗は任務遂行に支障をきたさない形で想像界は維持される。そして定式の宙吊りされた象徴界保持です。

ボンドに女性はなくてはならない、対的愛の愛情 affection の対象で、〈love〉ではない対的なその存在は、結婚し家庭を作り子を持つという市民的幸福の範疇にない、しかし性愛を拒否しない親密性の信頼的情愛関係にあります。つまり、合法的婚姻関係のみに性愛が許されるというキリスト教的戒律の範疇にはない自由さにある。現在社会は、もうそうなっているのであって、女性も父権世界の愚鈍なただの性的玩具や欲望吐口に服従させられる存在ではなくなっています。それは００６がナターリアに無理矢理キスをしようとすることと対比させられていますし、『慰めの報酬』で将軍が女性を強姦的に扱うこととはまったく違う。女性が嫌だということをボンドはしていません。そして、クレイグ・ボンドは〈love〉の〈warm〉世界に入った。

セクシュアリティにおいて、ボンドは清廉潔白またとてもフェミニスト的であるとも。女性を巻きこんで死なせてしまうことに対しても、ボンドは冷静さの中に怒りと自身の力のなさを感じとっていくようになっています。コネリー・ボンドがあまりにあっさりしすぎていた。エレクトラを撃ち殺したボンドの苦痛に満ちた顔はブロスナンの名演技でしたし、ヴェスパーの怖れを慰めるボンド、そして彼女を死なせてしまったクレイグの苦悩も愛情いっぱいの悲しみの現れになっています。ボンドほど女性を親身に愛し大事にした存在はないと言っても過言ではないと思うのですが。ムーアはあっけらかんに現実界も想像界も縮小して象徴界に遊ぶ。ただ、００７シリーズとしては、男根主義からの脱皮は一貫して試みられてはいます。００自体が、フレミング的規制から不可避に負っていたものだからですが、ボンドはそこから脱していこうとしている。⑱では中国諜報員リンから「堕落した西欧の女たらし decadent agent of a corrupt Western power」（かなり意訳）と言われたままを受けて、「だから腕のいいパートナーとして君を死なせない」と自虐的に言い返します。

しかしボンド自身には、愛の幸せの時はほんの一時で、最後まで訪れることはない、孤独に生きたボンドです。Mがミランダに言わせたボンドの欠陥＝本質は、観客にとってはボンド製作者たちにも、肯定的なことであり、共感できることであるのです。

憎めないボンド。やはり、世界が、憧れるボンドです。セクシュアリティにおいて、ジェンダーとセックスの分離を超克することの不可能さと限界に挑戦しているボンドなのです。

ジェームズ・ボンドの元型：ショーン・コネリー

「ドクター・ノオ」にすべてがある

ボンドの元型を作り上げたのは、ショーン・コネリーSean Conneryであり、無名だった彼を登用して、脚本も無視しておもしろがって作り上げたテレンス・ヤング監督、そして、音楽、さらにケン・アダムスのセット・デザインです。

「ドクター・ノオ」（日本公開時タイトル「００７は殺しの番号」）に、荒削り、いや大根役者と言ってもいいようなコネリーの、しかし存在感ある振る舞い、をスタッフが総出で映画に練り上げていく。島の火を吹く竜のちゃちっぽさであろうと、ボンド映画の全てはそこに出来上がっていると言ってよいでしょう。父権的で男根的な「男のアルケタイプ」が完璧に作られていきます。

まずは、すでにここで構成されたガンバレル・シークエンスです。

丸が動いて、その中にボンドが見て右から歩いてきて、振り向きさまに真正面へ銃を撃つ。そこにボンド・テーマの音楽（モンティ・ノーマン）が一度聴いたなら忘れられない小気味良さで流れる。そしてここでは、丸の模様と男女が踊るシルエットが動くデザイン化された、タイトル・シークエンスです。モーリス・ビンダーによって作られた。

これらは、作品ごとに練り上げられていきますが、元型はもう構成されていました。

ただ、一作目は、タイトル・シークエンスの最後に、シルエットで盲目の老人風の三人が杖をつきながら歩いて左から出てくる、暗殺者たちの悪です。そのまま映画の実際映像へと転換されて、物語へ入っていく。まだ、独立されて、メタファー化想像されていないが作品を指示。基本的に善は右から、あくは左から。これもよく注意してみていくと多用される、公式です。ボンドとMが対面する時も、必ずボンドは向かって右、Mは左に立ちます。これは、悪者が右にたつと、まだ正体がわからない謎となる。

するると、ボンドが左から動いていくことは・・・・ご自分で考え観られてください。

ボンド登場

カジノで、ポーカーしている。その見えない位置にいて、後ろから少し彼を見せて、正面に座っている相手女性と会話させ、ボンドを映し、ライターでタバコを吸わせ、名を名乗る、「The name is Bond, James Bond」という決まり台詞は、ここで確定された。

クレイグ・ボンドでは、カジノロワイヤルの最後で、機関銃を「ボンド構え」でして、これを名乗る、ビシッと決まり、ボンド音楽が高らかに鳴って、ガンバレル・シークエンスに入った。この逆転が、効を奏したのも元型があってのことです。

いままで映像にない、濃い眉の目がぎょろっとした、純朴で率直な淡々とした感じのコネリーの顔つきとスタイルに、初めて見た者は強烈な印象を受けます。殺すときは非情、微動だにしない。

そして、彼が登場するたびごとに、ボンド・テーマの音楽が流され、ボンド存在は強烈に忘れ難い姿として焼きつきました。俺の言う通りにすればいい、とテレンス・ヤングがボンド・スタイル、演技を作り上げられたのも、コネリーの荒削りがあってのことだといえます。作品ごとに彼は洗練され、ボンドといえばショーン・コネリーという現象は、世界中に浸透した。たじろいもなく、軽やかに、ボンドはその女性を誘います。軽妙な女性との会話の誕生です。

マネーペニーとM

MI7（MI6となるのは『ゴールデン・アイ』から。まだ架空の「ユニバーサル貿易」を名乗った場所に隠れている秘密情報局）の本部に呼ばれたボンドは、ドアを入ると（当然、右手から）、洋服かけに帽子を投げてひっかける。これも定番となりました。

秘書のマネーペニーの脇に腰掛けて親しそうに、また軽やかに会話する。ボンドは彼女を「政府の物」と言って、愛し合うと互いによくないと、好き合っているのに交際はしない。その設定も、ここでなされました。ボンドが一番気を許している女性です。

Mの部屋に入る。海軍出身とされているMは、官僚的ではありますが、ボンドを一番かっていて重要任務を彼に命じます。大きな軍船の絵が部屋に*。ボンドは、言葉なき表情で煙たがりながらも、忠実に彼に従います。この、指令、上下関係も定番です。つまり、組織規則を忠実に遂行するMは、大英帝国を守る代行者であり、国を悪から守るために、ボンドはその「指令」に従う。

* トラファルガーの戦いでの帆船、ヴィクトリー号かロイヤル・ソブリン号のだと思うのですが。㉓でクレイグがしみじみとターナーの絵を観ていることへ繋がる。

マネーペニーとの気を許し合った関係と、心のうちは明かさないMとの、対比的な関係がここに成立します。Q（ブースロイド少佐）は、銃をワルサーに変える時ちょこっと出るだけでまだQとはされていませんが、ボンドに闘いの危機一髪を逃れる道具を供する人です。

海外へ飛ぶ　異国情緒ロケ

ジャマイカで諜報員とその助手が殺された。ロケット発射を電波妨害している発信地がジャマイカだとされる。その調査にボンドは派遣されます。

ジャマイカ・ロケの出来事は、DVDの音声解説で語られますが、独立したばかりで、この007映画にとても協力的であったということです。そのロケ案内をした人物が、のちに音楽会社を設立し、フレミングの住宅を購入し、そこからボブ・マリーがデビューしたという。

問題は、もうこの設定から、三つのことが定型化されていることです。

一つは、ジャマイカ人たちは非アングロサクソンとして、イギリス人に使われるということ。ドラゴンが出るという迷信めいたことを信じる彼らに対して、ボンドは技術の実際だと事実を見れるという設定です。未開と文明の対立が、異国情緒の世界で同時にバナキュラー配置された。

第二は、CIAのフィリックスがもうここで登場するのですが、ロケット打ち上げは米国に関わることなのに彼は何もできず、ボンド依存で大英帝国がその問題を解決するというパターンです。

そして第三に、孤島や砂漠の中など、人がいないところに、悪者が巨大な施設を作って世界征服しようとしていることです。たくさんの従業人たちを使っていますが、イギリス人はいない。この施設デザインは、ケン・アダムで、ボンド映画の重要な美術になります。ボンドはこの巨大施設を破壊するという定型です。

リゾート的異国情緒は、ブロスナンで転じられ、クレイグでバナキュラーな存在背景へと転じられます。

東西対立を超えている悪者、悪漢 villant

悪者は、まずは黄色人種であるということ。ここでは、中国。スペクターという組織であることが明示されます。それは、「東西対立の愚か者たち」の次元とは違うものとしてドクター・ノオの口から語られます。

原作では、ドクター・ノオの経緯が語られますが、映画ではそれはなく、放射能で義手をはめることになったという異様さで表徴されます。悪は異様な形姿であるという定型。それがかえって、落下するとき掴めずに滑って原子炉の中へ沈むことになる。悪の象徴が、悪を滅ぼす実際になってしまうという反転の定型です。

時代装置と政治危機

ソ連とのロケット打ち上げ競争、そしてキューバ危機。

冷戦が加熱している中での、偶然というより必然のような状況にピッタリはまりました。

それはまた、原子力という脅威です。

放射能で汚染されたボンドとハニーを流れ式に洗うという浅薄な認識でしかないですが、原子力が世界を危機に陥れるという設定は、ボンド映画の「良心」として常に設定されます。最先端科学を悪は、世界破壊へ使いうるということの、批判的な定型です。

ただの英国を守る、英国が世界を救うということにとどまっていたなら、ボンド映画は世界浸透はしなかったと思います。世界の人々の生存危機に関わると想定される想像界の危機は、複雑な現実界を単純化して、観客に感知されるものであり、それは自分たちを救ってくれるボンドなのです。しかも、ただ正義遂行ではない、政治危機を克服していくボンドです。世界危機に既存国家は対応しえていないということは、英国ナショナリズムの問題ではなく、グローバルな問題であり、グローバル化していく世界に対応しているボンド映画であることです。民主主義も万能ではなく、自由であることの行動をボンドは代表象します。

そこに、大事なことですが、ボンド一人の力が世界危機に対応するという象徴性です。一人が一番強いということ*、その対照が、悪の施設で黙々と集団従事労働している人たちです。それは、暗黙に、社会規範規則世界で黙々と生活していることの指示示唆でもあります。

命の危険に襲われうち勝っていくボンド、そこでボドガールたちに出会う

空港に着いて迎えに来ていた運転手に、即、悪を勘で感知するボンド。確認を領事館にしま

＊ この一人が、集団になっていくとき、「仲間」主義の集団性が力があると想像界編制されます。任侠映画で言うと、昭和残侠伝は１人２人の個的な殴り込みが、日本侠客伝は皆んなで協同の集団的闘いになっています。マルクス主義的かつ仲間仲良し集団です。

すが、秘密諜報なのに迎えなど出さないと知って、つまり知っていて逃げない、その術中に自分から入っていって情報・事実を見いだそうとする。写真を撮る女性の動きも見逃さない。また、CIA のフィリックスは、悪の運転手の車に乗っていくボンドを疑い、接触しようとしない。

つまり、一人で闘う緊張感が、ボンドのさりげない行動においてなされていく。

スペクターの手先の大学教授が放った毒蜘蛛に襲われ、恐怖を感じながら微動だにせず、蜘蛛が身体を離れた瞬間に叩き潰す。そこに、稚拙な効果音楽、でも、笑いきれない。去勢への恐怖。

盗み聞きしていた女性に家に来るよう誘われ、追っ手からのカーチェイス。まだ逃げ切るだけですが、これもお決まり定型。カーチェイスは作品ごとに派手になっていくのは当然です。

明らかに敵であると知ってその女性と寝るも、警察へ引き渡し、明らかに悪の側についている地質学者のデント教授が襲って来るだろうと待ち構え、ベッドを膨らませ、そこに銃弾が撃ち込まれる。相手が、六発撃ったと冷静に対処し、撃ち殺す。しかし、倒れた死体へ背中からもう一発撃つ。これは倫理的に問題にされましたが、悪へのボンドの冷徹さの定型になる。

悪は、あちこちにいて、ボンドは気絶させられ、絶体絶命状態から脱する定型です。

そしていよいよ、島民たちがドラゴンがいると思って近づこうとしない、ドクター・ノオがいるクラブ・キー島にのり込む。ここでもフィリックスは送るだけで、帰ってしまう。

海岸で一夜を過ごすと、白ビキニの左にナイフを腰に巻いているグラマーな女性＝ハニーが、歌を歌いながら登場。じっと眺めるボンド。女性を対象物としか見ないと後に批判されていくボンドガールの典型の出現。まったく脈絡なく突如と現れるのですが、実は父親が殺され島の様子を探っていたという必然の関係が明かされていく。

彼女の機転とボンドの機転とで、難を逃れつつも、ともに捕まってしまうという定型。

そこで、献身的な案内役だった、ジャマイカ人のクォレルはドラゴンの火炎放射器で死んでしまう。一緒に危機の中へ飛び込んでいった大事な仲間の惨殺という定型。

ボンドとハニーは、まず敵の首領から歓待を受ける。ボスは最初は登場しない。「敵を歓待する」というホスピタリティの定型。一緒に食事し、スペクターの存在、その陰謀をボンドに明かす。

女性を乱暴に扱おうとすることに怒るボンド。しかし冷静沈着。ドンペリで殴ろうとするが、55年ものだと言うドクター・ノオに、53年もののほうがいいと言い返す。その前に、ゴヤ「ウェリントン公爵の肖像」の絵がおいてあるのにふと驚くボンド。これも語り種になっていますが、1961年にロンドンのナショナル・ギャラリーから盗まれた実際の事件があり、それはドクター・ノオだったという洒落。批評家たちもこのシーンだけは絶賛したというが、ボンドが知的でもあるということの示唆です。コネリー・ボンドでは後ろの絵画に注意を。

部屋にいくとコーヒーがあり、それを飲んであっけなく倒れてしまう二人。捕獲されて、独房へ入れられるが、窓から通気口を伝わって脱出するボンド。

そしてお決まりのメイン舞台で、悪の仕業を阻止し、破壊する。

爆発前にハニーを救出し、脱出するも、海に漂流。そこへフィリックスたちが助けに来るも、ハニーと愛をかわすべく、繋いだボートの紐を解いて流れるがままに。終わり。

正直、B旧映画に近いのですが、もう緻密に丁寧に一つ一つが作られている。隙がないため非常に緊張したテンションの高まる映像になっています。DVD音声解説で、小さな小道具一つ一つの説明がなされている。

『ロシアより愛をこめて』（007危機一発）は、狭い列車内でのロバート・ショーとの格闘。より丁寧で緻密な映画構成になります*。そして『ゴールドフィンガー』でガイ・ハミルトン監督はこのままだとボンドはただのスーパー・スパイになってしまうと、ボンドをもっと人間臭く描き出す。これら及び以降の作品は、PART2で語ります。

ボンドは前へひたすら進んでいくだけ、絶対に後ろに戻らない。

ボンドはコネリーを原型にして、レーゼンビー、ムーア、ダルトン、ブロスナンによってねりあげられ、多彩な存在として作り上げられましたが、ムーアの軽妙な万人受けするユーモアによって、コネリーの堂々たるタフガイの優美さが目立ったとも言える。ボンドは一人ではない。そこに、無数とも言えるファクターが配置され、後の作品でオマージュ的に使われたりしながら、物語公式の上で差異化されていきます。その差異化と繰り返しを、観客は愉しむ。しかも、そこには不可避にシニフィアンが新たに構成されていきます。その読み解きが、また多くの論者でなされる。果てしないボンド／007世界です。

そして、ボンド・ビジネスは巨大な経済世界を作り上げてもいます。

* Will Rimmer, *Studying From Russia with Love* (Auteur, 2008)

００７シリーズのプロデューシング

プロデューシングが要

　イギリス映画界の衰退、イギリス社会の頽落、そしてイギリス帝国の脆弱化、そうした総体の停滞、つまり世界構造の変容の中で、ボンド映画が、新種の超漫画的映画の娯楽アクションとして出現した。映画界の衰退はしかし、イギリスだけの現象ではない、ハリウッドでも、また日本でも一九六〇年をはさんで起きていたことです。映画の質自体が映画技術の変容とともに、転換していく時ですが、フィルム制作＝プロデューシングが新たな経済ビジネスを生成していく。その成功例が００７でしたが、最初から大成功したわけではない。しかし、毎年作られて大成功へと磨き上げられていきます。

　あるきっかけから、わたしはサンダース映画祭の視察を依頼され、そのリーディング・スタッフと会合したのですが、日本は優秀な監督がいるがプロデューシングが全くできていないと指摘された、それが印象に残っています。映画上映が昼間にあって、夜は映画関係者たちがレストランやバーで、映画の売買や制作や評論などプロたちがわいわいガヤガヤとやっている熱気に圧倒されました。

　日本的特徴ですが、アート制作も映画制作も小説や学者の研究も、個人「著者」がやっているという未熟さと自覚の無さです。ですから、創造は「個人」ゆえ編集や出版や公開は他者が分離してやる。総体化されていない。あるのは、映画会社の組織構造です。ですから、プロダクションとして独立していきますが、映画会社が市場を制覇していますからなかなか自在に動けないまま衰退します。石原裕次郎や三船敏郎のプロダクションは、彼らのような著名な役者でもダメなのは、俳優「個人」の著者主義のままでプロデューサーがいないからです。プロデューシングが、組織運営にしか従属していないのです。角川も結局、組織構造を別に作っただけです。

　映画配給会社を「使える」プロデューシングになっていない、「使われる」だけの日本です。

　ボンド映画は、ハリー・サルツマン Harry Saltzman とアルバート・R・ブロッコリ Albert R. Broccoli の二人の、性格が異なるプロデューサーがいたことにおいて成功します。『ロシアより愛をこめて』のDVDには、サルツマンの破天荒ぶりが証言ドキュメント化されていますが、多角的でどんどん突っ走る「ショーマン」である彼と、一点集中型でシリーズ制作に専念する沈着なブロッコリとの相反共存があったゆえ、プロデューシングが機能した。有名な「イーオン・プロダクションズEon Productions」の設立です。

イーオンは、ユナイテッド・アーティストに出資させます。日本は、UAの下でイーオンは働いたという大組織優越の発想しかできない、そうではない、資金のある大企業を使うのはプロデューシングです。マネーの確保です。そして監督にテレンス・ヤングを配置。美術装置のケン・アダム、ガンバレルシークエンスをデザインしたモーリス・ビンダーなどの人財です。これも彼らクリエーターの言うがままになるのではなく、拘束条件を与えながら彼らの新たな創造性を発揮させることがプロデューシングです。

イギリス映画とハリウッド映画の合体、大ヒットを狙って、高額予算で自在に華麗な映画を徹底して作り注目を集め興行成績を上げる。スタッフが高度にプロ化していく。

ボンド映画はどうあるべきか、何が登場するべきか、どのように作るべきか、それには何が必要か、誰を参画させるべきか、観客の期待にいかに答えられるか、「ボンド的」にそれを制作する、そのマネーと人のプロデューシングが、創造を規制するのです。

ショーン・コネリーだからヒットする、フレミングの原作があればヒットする、映画権があればヒットへつながる、などということがありえないことをボンド映画ほどはっきりと結果したものはないでしょう。

まず、制作者である二人の交叉的な関係のずれです。多角的ショーマンであるサルツマンはしかし、原作忠実主義なのです。シリーズ専念一途のブロッコリは娯楽路線です。サルツマンは、マイケル・ケインを使って、ハリー・パーマーの『国際情報局』を手がけます。007のお色気情報員とは対極的なスパイ・スリラー映画で、作品としては高く評価されていますが、三作で終わります。

そして、サルツマンとコネリーの関係悪化がコネリーの降板につながると言われますが、原作に忠実でいたいサルツマン路線の二代目レーゼンビー・ボンドは興行的に失敗し、娯楽を貫くブロッコリ路線によって、高額のギャラでコネリーに戻りますが、制作陣とコネリーとの間は修復しきれず、⑦を撮っただけで終焉。

思うに、好き勝手言うサルツマンにボンド・スターとして世界一になってしまったコネリーの矜持とが折り合わなかったと推察できますが、コネリーの「個人」創造意識は、『ネバーセイ・ネバーアゲイン』の別系映画での失敗を結果します。

ここには、『サンダーボール作戦』を一緒に作った、〈スペクター〉の映画権をもつマクローリー Kevin McClory との決裂が絡みます。マクローリーは、「サンダーボール」をイアン・フレミングと一緒に創案した、いわばアイデア人で、それをフレミングが勝手に書いたと告訴し、和解で三者の名（+ Jack Whittingham）で刊行されています。この権利を彼は映画制作にも持ちこみますが、舞台裏のバトルは、プロデューシングと創造との間の対立です。

フレミングとマクローリーはボンドを映画化するためのプロダクションを作りましたが、その才覚がないとフレミングは離脱、サルツマンへ映画権を売ります。

映画『サンダーボール作戦』（1965）で、彼らは共同しましたが、これは異質な三つ（フレミング、イーオン、マクローリー）が共同しえた強みでの大成功になったといえます。しかし、スペクター／ブロフェルドが、他の作品で登場しないのに勝手に登場させたと、マクローリーは訴訟をおこし、⑦（1971）以降、「スペクター」の名は隠されたまま明示されません。具体事実や出来事など多々あるでしょうが、はっきり言ってマクローリーにはプロデューシング・スキルがないという現れだと思います。彼は制作総指揮として『ネバーセイ・ネバーアゲイン』を一九八三年に作ります。コネリー主演ですが、正直、さほど面白くない映画でしかない。イーオンのプロデューシング力にはるかに劣るからです。

コネリーも制作に関与し、ブロフェルド役にオーソン・ウェルズ、M役にトレバー・ハワード、監督リチャード・アッテンボローと豪華陣をあて、若手をボンドにしようと実際はボンド降板を宣していたロジャー・ムーアを当てようとするも、UA を買収した MGM がムーアに破格の出演料を約し彼は復帰、⑬『オクトパシー』1983 に出ます。やむなくコネリー自身がボンドに戻ったものです。コネリーが全権を握っての独立プロ的なものであったため、私たち観衆も、コネリー復帰に大いに期待し話題にもなりましたが、イーオンのプロデューシング力には及ぶすべもなかった。TV出演でコネリーが、悪役は誰にするのかと尋ねられて、躊躇なく「ブロッコリーだ」と答え爆笑を買ったほど、聴衆も周知のことでした。音楽はミッシェル・ルグランが担当していますが、定式ボンド音楽が流れない、ガンバレル・シークエンスもないなど、それはやはり007映画ではないのです。コネリーは非常にボンド的ですが。

興行成績はオクトパシーが2位、ネバーセイ・ネバーアゲインが4位でしたが、コネリーはスタッフがボンド映画に慣れていない、つまり007映画につくりあげられないから出来は60点だと自分で述べています。ボンド映画撮りには第二クルーがアクション専門で別に機能している。

しかし、この映画で、ボンドが退役していて復帰するとか、フィリックスが黒人になったりとか、バイクでのチェイス（これはイーオン映画で没になったもの）、などクレイグ・ボンドに折りこまれていくものがあります。

マクローリーは、自分のアイデアと脚本に執着し続け、スペクター・シリーズを構想するなど実現できない制作発表をしたりしましたが、ブロスナンが決まる前に彼を主役にするとも言っていました。

それに比して、この制作にも関わったジョン・キャリーは、ワーナーを辞め、MGM傘下になったUAの社長となり、一九九五年にブロスナン主演で⑰『ゴールデンアイ』を大成功させ、市場衰退していた007の映画再興を果たします。『ネバーセイ・ネバーアゲイン』と⑰は非常に類似しています。プロデューシングがなせる規定性です。

さらに彼は一九九二年にソニー・ピクチャーズへ移り、さまざまな交渉をなすもなかなか実現出来なかったのですが、社長となってついにクレイグ㉑『カジノロワイヤル』を実現させていきます。プロデューシング・スキルがあるということです。

こうした経緯には、プロデューシングの現象と本質が実に顕著に現れた出来事になっています。ゴシップ話などうでもいいことです。マネーと人、それをアイデアだけでなく実際にアレンジし、創造的にも興行的にも成功させる。007製作者たちには世界観があった。

サルツマンはプロデューシング力はあったが、そこにマネジメント力が欠落していた、それゆえいろんな事業に手を出して失敗していきます。

サルツマンは⑥で失敗、⑦を成功させたブロッコリが中軸になる。⑧『死ぬのは奴らだ』でサルツマンはムーア採用に積極的でなかったことで、二人の間に溝が深まり、⑨『黄金銃を持つ男』で制作は最後、ブロッコリに株を譲渡せずUAに売却、二人は決裂します。⑫『ユア・アイズ・オンリー』試写会で二人は和解、その後「カビーはボンド映画で素晴らしい仕事をしている」とサルツマンはブロッコリを称えます。⑩〜⑬までは、ブロッコリ単独制作、⑭からマイケル・ウィルソンMichael G. Wilsonが制作に参画、ブロッコリとの共同制作になる。

「儲かるから」では、人もお金も動きません。その実例にもなっている。お金を集めるのは、象徴資本を活用できる文化資本力がないと不可能です。これが、日本ではほんとにわかられていない、制度権威、大きな組織、規則遂行でしかお金が動かない。これは、創造性をひたすら枯渇させていきます。ダルトンからブロスナンへの移行過程は、世界的大エンターテイメントのマネジメントを軸にしたプロデューシングの再編成過程であった。一般に九〇年代マネジメントそのものが、予算削減ばかり強いる六〇年代の組織マネジメントから脱したのですが、ボンド映画もプロジェクト型の制作生産を再編成したといえるでしょう。

制作、つまり〈producing〉が、要になっているのは当たり前のことですが、巨大な利権・利潤のマーケットですから、ただの再生産では済まされない演出が要されます。しかも、それはただの経済マターではすまない、文化現象、社会現象も関与してきます。日本で、一般的に、空洞的状態になっている「プロデューシング」の本質が、ボンド映画にはトータルに構成されているのです。予算投入を厭わない華やかな画面と細部に綿密に徹底してこだわっている演出に、それは不可避に作用します。

セット・デザイン、そして007音楽。これは、決定的ファクターをボンド映画においてもちますが、それがないとコネリーが出てもボンド映画にはならない。

007固有の、お約束とスタイルが「ボンド造形」において規定的に構成されているからです。そして「狙いどころを知り尽くしている」ものになっていることです。『ゴールデンアイ』からブロッコリーの娘、バーバラ・ブロッコリー Barbara Broccoli が制作に参画、⑪『ムーンレイカー』以来制作そして脚本を手がけていたマイケル・ウィルソンと共同制作にあたり、今日へ至っています。二人は父親違いの兄妹です。ファミリー・ビジネスなのです。

監督が繋ぐ異なるボンド

ボンド役が変わって誰になるかが、いつもゴシップ的なマスコミ話題になりますが、ボンド映画史上重要なことは、同じ監督が異なるボンド配役を撮っていることです。

コネリーの⑦『ダイヤモンドは永遠に』とムーアの⑧『死ぬのは奴らだ』は、ガイ・ハミルトン監督。

ムーア⑭『美しき獲物たち』とダルトン⑮『リビング・デイライツ』はジョン・グレン監督。

ブロスナン⑰『ゴールデンアイ』と、とんではいますが、クレイグ㉑『カジノロワイヤル』は、マーティン・キャンベル監督。

ここでダルトンとブロスナンとの間に監督によるリンクがないことです。その代わり、プロデューシング・サイドで、移行の格闘がなされていました。

ダルトン2作目で最後になった⑯『消されたライセンス』が1989年で、第3作目がトラブルで製作されずに、ブロスナン⑰『ゴールデンアイ』の1995年の六年間、ボンド映画はつくられていません。

つまり、制作体制含め、ブロスナン・ボンドは、切断的連続に配置されているということです。そのもっとも象徴的典型が、Mが女性ジュディ・デンチになったことでした。そしてソ連の崩壊です。

同じ監督が、別の異なる俳優のボンド映画を撮るということは、非連続と連続との相剋を何らかの形で想像表出するのを不可避にします。

何を、彼らはつなぎかつ切断したのでしょうか?

スパイ／諜報員／エージェント、工作員と冷戦体制

スパイ映画はたくさんある。犯罪物、探偵物と並んで、そのバリエーションは、荒唐無稽なものからリアルなも

のまで、実に娯楽映画の資本になる。

第二次世界大戦のときのナチスへのスパイ活動から、冷戦期の東西のスパイ合戦、そして現在のテロに対する双方の政治的、軍事的なスパイ合戦。また、企業の産業スパイ、機関内の内情を探るもの、など実に多様な「情報」合戦ですが、日本では忍者はその典型でした。

映画やドラマでは、CIA/KGB/MI6がその代表格で、そこにイスラエルのモサド、韓国やフランスにもドイツにも当然日本にも諜報機関はありますが。歴史上のスパイ事件もたくさんあり、映画にもなっている。

そんな中で、007シーリズは娯楽の主軸になっているのはどうしてなのか。

興行的には、痛快さとして、スパイ大作戦を映画化した「ミッション・インポッシブル」シリーズと「ジェイソン・ボーン」シリーズが、現在の3シリーズといえますが、007はどこが違うのか、それは何を意味するのか。

ヴァンサン・カッセルとモニカ・ベルッチの夫妻主演の『スパイ・バウンド』は、実際事件を背景にして撮っていますが、インタビューでスパイ活動は地味で過酷なもの、派手な痛快ごとではないと、ボンド映画を批判しています。

原作でも、フレミングに対してル・カレは、MI6の二重スパイなど実際的世界をリアルに自分の経験から娯楽化していますが、ボンドは非常に特殊であるということです。

それは何よりも、自分を隠さない、『カジノ・ロワイヤル』ではプロ・ギャンブラーのビーチに化て、ポーカーゲームに参加するアレンジを情報局はするのですが、ホテルのチェックインで、「ボンド、ジェームズ・ボンド」と本名を名乗ってしまいます。敵側は、そんなことは調べている、自分だと知っていて受け入れているんだ、そこと対決するんだという彼からすれば潔さ、ヴァスパーからすればただの「自信過剰」の傲慢さにしか見えない。

ともかく、「ボンド、ジェームズ・ボンド」と名乗るそのかっこよさが、007映画の主軸になっているわけですが、これを台詞で決める演技力が、ボンド役の軸です。

これは、こそこそと隠れた陰湿な工作活動はしない、ということを意味し、かつ、必ず、敵の中枢へと近づいていく物語性になっていることです。ボンドのジェンダー表象の「正体を表す」男性性の強調です。これが、大衆受けします。水戸黄門など、散々暴れ回って、この「紋章が見えぬか!」に、正義の出現がそこで表象されますが、それは権威の制度的表示であって、侍に非ざる「極悪非道を探り、倒す」、「庶民の味方」への大衆的共感です。

敵に気づかれないこと、これがスパイの本筋ですが、ボンドは、堂々と乗り込む。これを虚構性だと言っても意味はないでしょう。「闘う」ということは、隠れてなすことではない、一種の騎士道、その道さへをも超脱する指示性の個的な自己表出です。『カジノロワイヤル』はその自己形成、隠れることからの離脱の物語であったのです。偽名を名乗ろうとも堂々たるボンドである古典コネリーの定型化、その形成過程の表象です。

『慰みの報酬』では、カミーユを真正面から救出しますし、オペラ劇場で密談しているそこへ、マイクで介入します。盗聴し続けるのではなく、しているぞと表示する。

敵側は、ボンドだと知っていて、攻撃してくるという設定になります。

ミッション・インポッシブルではイーサンは変装しますし、ボーンは監視されているがゆえに、それを出し抜くことが物語性になる。ですから、逆に、監視しているお前たちをを見ているぞ、と驚かすことがカッコよさになる。

気づいていること　気づかないようにすること

正体を隠す。そしてその敵世界へ溶け込む、相手に近づく、そして探る。これは「潜入捜査」になりますが、その秀逸映画は香港の『インファナル・アフェア』2002で、『ディパーテッド』2006としてリメイクされましたが、前者の方がはるかに秀逸。「死ぬまで正体を明かさない」です。

「気づかれない」よう欺くわけですから、欺かれた側は傷つきます。それが、近年では素人女性がテヘランへ潜入するモサドを生々しく(らしく)描いたものでしたが、浅薄にしかならない。つまりリアルさを出そうとするほどリアルでは描ききれなくなる、映画の限界が出てしまう。先のベルッチでは、彼女はこんな辛い潜入的なスパイ活動はもう嫌だ、たくさんだ、辞めたいと映画内で告白します。

この気づかれないことは、とくに「二重スパイ」として表象されますが、その存在を見つけ出し暴き出そうというのがル・カレ原作の『裏切られたサーカス』の物語性です。

ソ連をスパイする諜報機関のエージェントの中に、ソ連のスパイが入り込んでいるということ。また、その反対に、ソ連側の情報局内に西側に協力する者がいるということです。この二重構造は、何を意味しているのでしょう。ただ裏切り者がいるではすませない構造です。

『スパイ・ミッション シリアの陰謀 Damascus Cover』2017は、シリア側に西のスパイが入り込んでいる、その実態は誰だか西側の者にもシリアの内偵協力者たちもわからないのですが、実は軍の将軍がスパイだった。それは、国内を安定させるべくシリア内部の危険な動向をなくさせるためであって、ただ西側に利益するためではない。西側のボス・ミキ (John Hurt) は、電話で、シリアの将軍と「こんな時代は早く終わってほしいな」と語り合います。

つまり、二重スパイの基本構造は、両サイドの均衡・安定をはかることですから、使命感に燃え、冷静沈着です。

敵側の内部に入りこんでそれを瓦解させるなど、ただの荒唐無稽です。つまり、ただ指令に従う従属者ではない、自立者でなければばつとまらない。したがって、双方から疑われる危険性にもあります。物語の両義性というのは、記号的表象の対立項という浅薄なものではありません。この両義性は、双方の意味作用の力関係を均衡させる、より根源の意味作用であるのです。

ですから表象は繊細さと大胆さとの相反共存になります。そうでないと映画としての表現形式にならない。

『ミッション・インポッシブル』の一作目は、ジョン・ヴォイドが二重スパイになっていてこちらをあっと驚かせましたが、自己利益に走ったためイーサン＝に見破られてしまいます。脇役の二重スパイは、失敗します。

アンジェリーナ・ジョリーの『ソルト』2010は、幼い時からロシアで育成されたスパイで、CIA工作員として潜入しています。疑われCIAから追われる話ですが、ホワイトハウスの地下でロシアからの核攻撃に備えるUSA大統領たち、そこに潜入していたテッドこそがロシアのスパイであり、大統領から核攻撃の鍵を奪い、テヘランとメッカを核攻撃してイスラムの怒りを駆り立てUSAを崩壊させる計画であった。二重スパイとしての忠誠を疑われてロシア側からも愛する夫を殺されたため、ソルトはテッドを殺し、核攻撃も阻止する。自立でCIAとロシア側との双方に闘います。捕獲護送中のヘリで、事情を知ったCIA防諜部のピーボディは、彼女をヘリから脱出させてやる。基本設定は、USAに潜伏しているロシア・スパイを一斉放棄させるというXデーの設定ですが、不発に終わります。

要するに国家転覆などをスパイは実行できない。これは007のような超人でもしません。ソ連も北朝鮮も西側諸国も壊れないのです。スペクターの独立した下部組織や企画が崩壊するだけです。

国家が危険に晒されると想定されますが、国家内の部分的出来事です。

『24』では大統領自身がテロ側についていたと極限までいきますが、USAはそれでも壊れません。ですので、観る者は安心して見れるのです。この効果は大きいとおもいます。

スパイ映画は、そのギリギリの境界で止まっているがゆえに、安心して見れる娯楽になっています。

ここに、わたしは「物語性nararivity」の限界を見ます。映画は、その限界を越えられないということです。

サルツマンはスタッフに、悪役に何をさせるかと問うと「世界制覇だ」と答えたなら「ちっちゃいな」と言ったそうですが、想像的表出は、国家枠内をこえて世界制覇・世界支配、つまりファシズムか社会主義しかイメージしえないのです。ムーンレイカーで宇宙まで行っても、ソ連対西側の対立図式内です。スペクターは国家間の隙間で、犯罪を兼ね金儲けするだけのもので、それを一掃したサフィンは、バイオテロで人類の選抜淘汰をはかるもので、彼らがいうような「恐怖」を与えるものにはなり得ませんでした。

つまり、想像力は、「国家資本」としての国家想像資本以上に出れない、それゆえの政治性に止まります。それが「想像的なリアル」であるということです。

クリストファー・ノーランは、場を外部ではなく「頭脳の内部」に配置した『インセプション』、そして時間が逆回りになる『TENET』を作りましたが、映像のおもしろさであって、物語性としてさほどの深みはない。映画撮りでやっていた逆まわしをそのまま映画にしただけです。

あとは、国家を超えるものは、スパイ映画ではないSFになるだけです。これはカテゴリーが違います。ボンドもSF的になったことがありますが失敗です。

身を隠さないボンドの物語性

もう述べてきたことですが、ボンド映画が何より大衆うけしているのはボンド台詞に現れている、「ボンド、ジェーム・ズボンド」と明らかに名乗り、身を隠さずに、わが身に降りかかる危険を克服して、陰謀を解体させていくボンドへの共鳴です。卑怯ではない、陰湿ではない、策略ではないことの清々しさです。暗い陰湿なスパイ映画を根本から変えた数々の物語公式の配置でした。

スパイ映画は、007規準からそれへの同一性と差異性として数々、新たに作られていきますが、007を超えることはできませんでした。娯楽性が高いということもありますが、何より、この「身を隠さない」潔さが、永続の最大要素であると単純に思います。コネリーやムーアは偽名を使いますが、あくまで調査のためで身の安全のためではない。ムーアはBond自体に重きがないため違和感がない し正体がばれても何も変わらない。つまり、古典的な「物語性」にしっかり立脚しているのです。さらにクレイグ・ボンドは、暗さを自分の実存的な生い立ちに内面設定されたことで、ボンド・ウーマンをもその闇の暗さに内面化させ、対幻想の愛表象へと、諜報員としての荒々しさと派手なアクションに共存させたから、現代人へ共鳴されました。

すでに述べましたが、007は多様なのです。ジェームズ・ボンドも映画の主要な六人のキャラクターだけでなく、テレビ物など含め、たくさんいます。

さらに、007は、㉕で女性になったように、これから拡散していくと思われますが、ボンドは死んだのに、最後のクレジットでは、James Bond will return. とボンドが戻ってくるとされました。どういうことになるのでしょう?

わたしは、しかし、㉕の粗末さを観て、もうボンド映画に魅了されることはあるまいと、時代の終息を感じた次第です。ですが、それまでの二十四作は、大変な文化遺産であると高く評価していますし、解析していて実に面白いです。限りなく論じられます。

映画は恣意性の自由にありますが、拘束条件がしっかりしていないとつまらない。

この書は、ただイントロですので、いつか全体をしっかりまとめるいとまがあれば、遊んでみたいとは思っていますが、まずはPART2で、もう少し気楽に述べていきましょう。

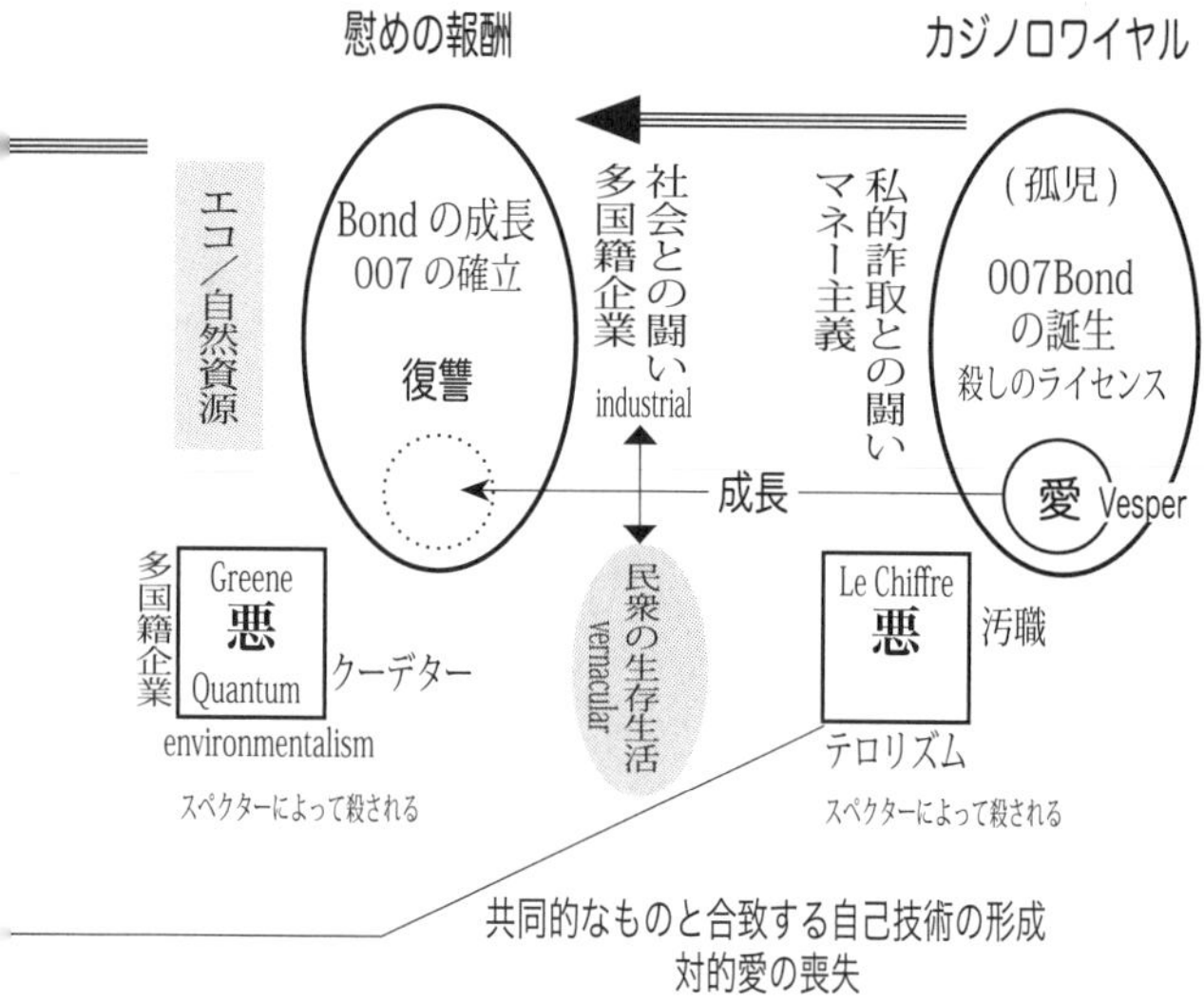

まとめ

ボンド世界の転移形成と物語展開における欲望構造

ボンドは外的世界の〈悪〉と闘うことによって、何を自己技術形成してきたのでしょうか。

ボンドは殺しのライセンスを有することにおいて、世界秩序の安定を守ろうとしています。つまり、〈共同的なもの〉に対する規範的遂行を、自分が所属する組織規則を侵犯してもやりぬく責務＝自由を自己技術によって実行するのですが、他方、悪は物事を自己利益のために自由放題に犯罪や殺戮を手段に、既存秩序に対して熱狂的自由エゴ道徳で遂行します。この敵は、ボンドにとって外在的なものから、反照的な他者となっていきます。仲間から兄弟へです。

愛においてもはや美女との愉楽にただ浸る道楽

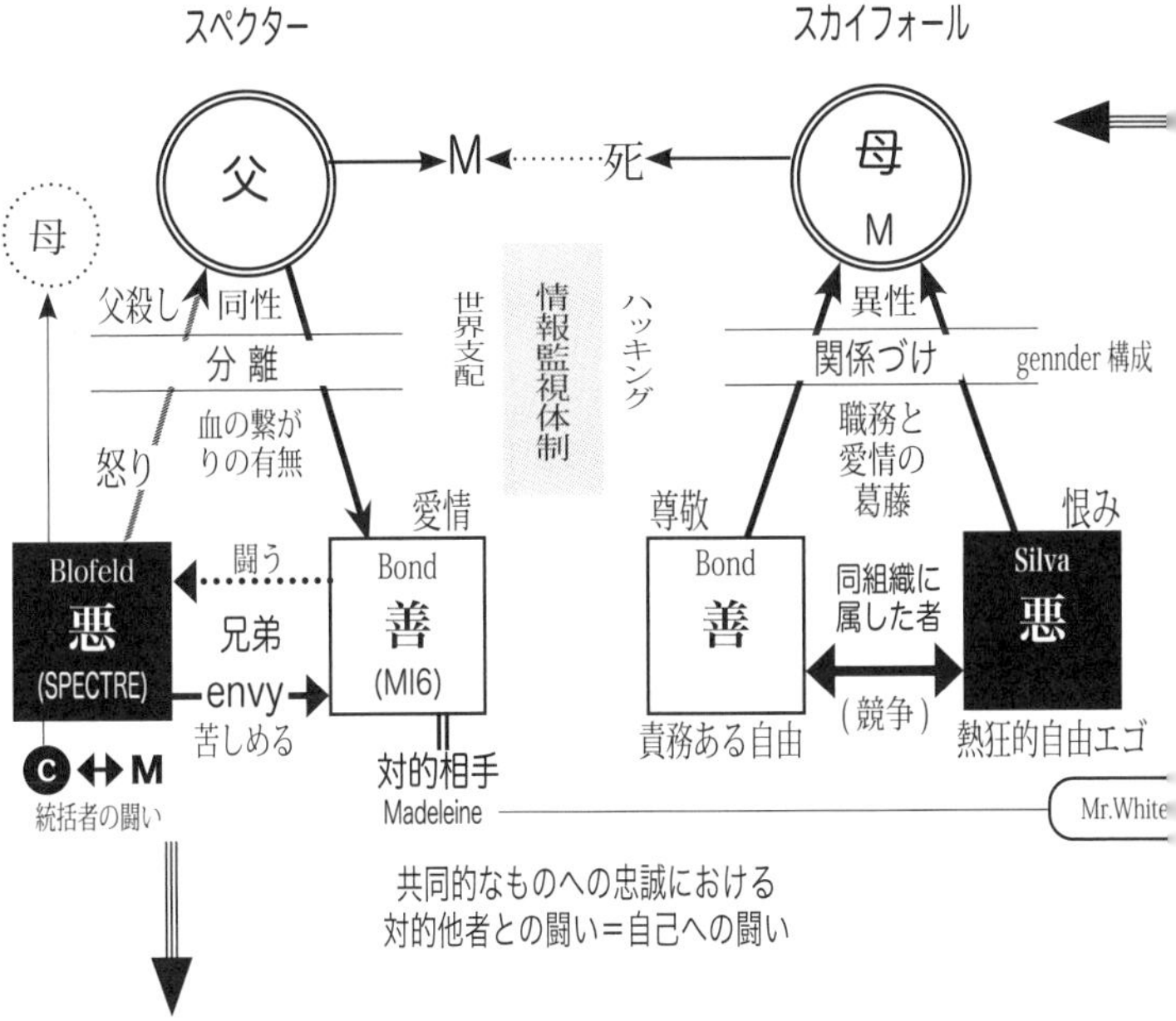

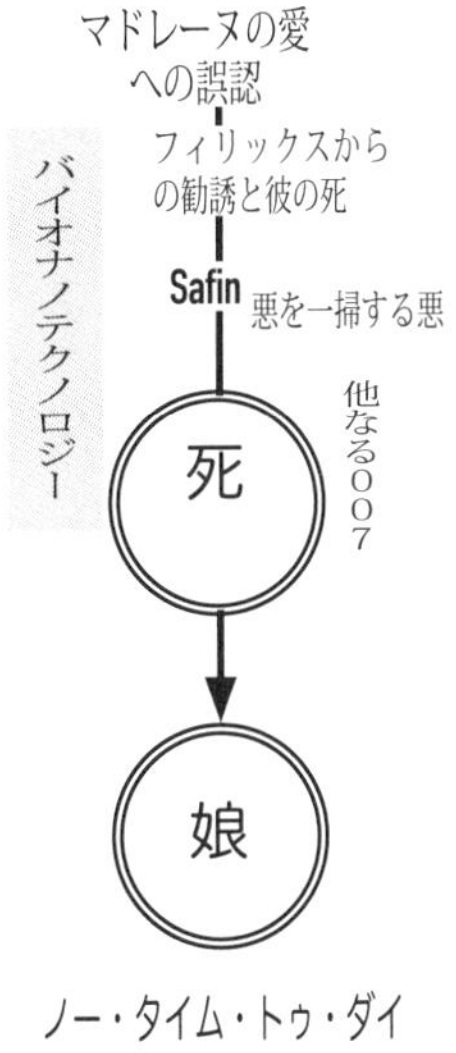

者ではなく、愛の喪失に苦悩し、友や母＝Mを亡くす失敗に、じっと耐えて任務遂行する男になっています。つまり、共同的なものと対的なものとの相反にたじろがない自己技術を領有している男です。男根主義を放棄し切ってはいないゆえ、肉体を同時に鍛え上げていくクレイグ・ボンドですが、悪党の側からの去勢的攻撃は、自己技術の自由プラチックを許さないものとして襲い続けてきます。悪と愛におけるボンドの背景では、貧しい

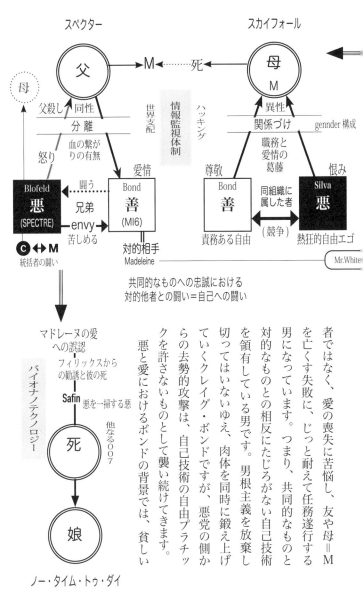

民衆の生存が描かれていますが、彼はそのバナキュラー存在に直接関与はせず、彼らを詐取する巨悪と闘い、自分の豪奢を捨ててはいない。ただ、MI6＝Mの母からの信頼を無くしたとき、生気を失い自暴自棄的な眠れない孤独に襲われますが、復帰する自己技術を喪失はしていない。貧しさから脱したボンドゆえ、民衆を拒絶はしないが寄り添うことはしない。ただ限られた仲間、とくにマネーペニーとQのスキルを信頼し、機構内部に侵入している悪と躊躇なく闘います。

「スペクター」の主題歌は、それをよく表現しています。字幕は原文と違ってボンド的に訳されている。

「こういう記憶は前にもある　いつも壁にぶちあたった。逃げ続けた人生、なんとか命をつないできた。でも君がいるならずっと生き続けたい。もし全てを捧げたら落ちる僕を支えてくれるかい。愛して呼吸して独りでは息ができない。全身をかけめぐる愛を感じたい、これですべてが終わるのか、君のためなら命も捧げよう。すべては定められた運命なのだから。粉々に砕け散ったガラスの破片。それが僕の過去につきまとう記憶、星が空に集い光が薄れてゆく、希望が砕かれても僕は恐れはしない。」

〈他者の欲望〉は、男側からのそれと女の側からのそれとの非自己関係の領有になりますが、ボンドとヴェスパーの最初の会話は、自己と自己との意識の関係で、他者の欲望の非自己関係は隠れて領有されていますが、拷問あとの療養所での二人の会話は非自己関係を領有しあう他者の欲動享楽構成です。反転しているのですが、愛し合う「他者の欲望」構造の関係は同じです。表出に現れてくるものが逆になっているだけ。ボンドとマドレーヌの関係は、この重層性がまだ構成されていないため、ボンドは彼女を疑う誤認を発動させてしまいます。ヴェスパーとの関係では敵が介入してきても、裏切りだと意識しても、愛の心情・感覚は変わりない、本気の真の愛です。マドレーヌの場合は、ヴェスパーの裏切りがトラウマになって、対の愛に敵を介入させてしまった。マドレーヌを救出しても、別れを告げる彼女を受け入れ、スペクター打倒を優先させしまう弱さにあった関係です。マドレーヌは一度もボンドを裏切っていないのですが。

ここから、以前のボンドを見ますと、この「他者の欲望構造」の複雑さと拘束性は本質的に重いですから、軽やかな愉楽／ペニス＊ですますとなっています。しかし、女性への愛情があるボンドゆえ、憎めないし、ファルス（「母の男根」幻想）は女性にも欲動作用していく〈親和性〉のある性愛となって、心のないただの身体セックスではない。またマティスやフィリックスに対する友としての対的関係においても同様です。共同的規範よりも優位性をもつ対的親和性です。

闘うことを忘れた現代人にとって、ボンドは遠い郷愁のようなものか、若い人には時代錯誤に感じられるのかもしれませんが、弱い熱狂的道徳の自由エゴに自己技術の自由はありません。現在社会の悪は、混融してあちこちに散種されたまま、時に暴発します。また、良い人間でいること、正しいことのみに一元化されることは、全体主義の温床となる。

００７／ボンドについてはまだまだ、多様に論じうることがあります。

007 bond will return

つづく

＊ Toby Miller, 'James Bond's penis', in Ch. Lindner, *The James Bond phenomenon* (Manchester Univ. Press, 2009), p.285-300。はフロイト、ラカン、フーコー、ガタリをもっての考察ですが生物的象徴で、幻想概念が不在。

1964年ニューヨーク
のTimes Square

山本てつし

批評論者。
西部劇、フィルムノワール、高倉健・藤純子の任侠映画をめぐって深い哲学・文化考察をなす。趣味と研究の戯れに思考する論者。
もっとも好きな俳優:スティーブ・マックイーン、高倉健、クリストファー・ウォーケン、リー・マーヴィン、ジェームズ・コバーン、リチャード・ウィドマーク。
好きな監督：サム・ペキンパー、デ・パルマ、ビクトル・エリセ、コスタ・ガブラス、エドワード・ドミトリク。
好きな女優：リタ・ヘイワース、藤純子、ファムケ・ヤンセン。
そんな中で、007を愉しむ。

知の新書 009

山本てつし
007/ジェームズ・ボンド論
ダニエル・クレイグ映画の精神分析と経済と哲学

発行日　2021年11月30日　初版一刷発行
発行所　㈱文化科学高等研究院出版局
東京都港区高輪4-10-31　品川PR-530号
郵便番号　108-0074
TEL 03-3580-7784　FAX 03-5730-6084
ホームページ　ehescbook.com

印刷・製本　中央精版印刷

ISBN　978-4-910131-22-1
C1210